샴발라

성스런 전사의 길

샴발라 – 성스런 전사의 길

1판 1쇄 발행. 2015년 5월 1일

지은이. 초감 트룽파
옮긴이. 임진숙
펴낸이. 이희선
펴낸곳. 미들하우스+미주현대불교
주소. 서울특별시 종로구 경운동 84-2 SK허브오피스텔 102동 805호
전화. 02-333-6250, 팩스 . 02-333-6251
등록일. 2007. 7. 20
등록번호. 제313-2007-000149호
ISBN. 978-89-93391-20-6
표지·본문디자인. 미들하우스 이희선
인쇄·제본. 영신사
값. 12,000원

SHAMBHALA — THE SACRED PATH OF THE WARRIOR

by Chögyam Trungpa, © 1984 by Chögyam Trungpa, Korean Translation copyright © Middle House, 2015. Published by arrangement with Shambhala Publications, Inc., Boston through Sibylle Books Literary Agency, Seoul

샴발라

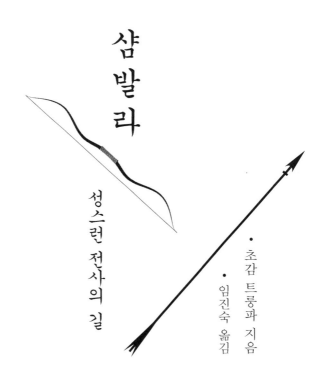

성스런 전사의 길

• 초감 트룽파 지음

• 임진숙 옮김

미들하우스+미주현대불교

링 왕국의 게사르 왕에게

시작도 끝도 없으며
호랑이와 사자와 가루다와 용의 영광과
형용할 수 없는 확신을 지니고 있는
리그덴 왕에게 경의를 표합니다.

이 책의 출간은 필자가 발행인으로 있는 『미주현대불교』 창간 24주년
을 기념하여 2013년 기획된 일 가운데 하나이다. 현재 미국불교나 미
국 내 한국불교에 관심을 가지는 한국 사람들이 점점 늘어나고 있는
데, 이 책이 이들에게 한글로 기술된 좋은 참고서가 되기를 희망한다.
우리의 이 작은 작업이 미국불교에 관심을 갖고 찾아오는 사람들에게
길 안내가 되고 의자가 되기를 바라며, 미주한국불교계에 활력을 불러
오는 봄바람으로 번져갔으면 좋겠다.

　이 책은 필자가 1989년 10월부터 『미주현대불교』라는 월간 잡지
를 발행하면서부터 시작된 여러 인연의 결과물이다. 이번에 『샴발라』
를 발행하는 미들하우스 출판사 이희선 사장은 한국불교계 인맥이 별
로 없는 필자의 불교활동에 많은 도움을 주었다. 또 언론사 경험이 없
고 자본이 없던 필자가 잡지 발행을 하기 위해 원고를 모아 한국의 이
희선 사장께 보내주면 그는 잘 편집된 잡지를 만들어 항공우편으로
보내주었다. 이 잡지들이 전 미주로 발송되면서 우리 '미주현대불교'의
작은 몸짓이 시작된 것이다. 경비도 제때에 보내지 못했던 필자는 항
상 이희선 사장께 커다란 빚을 지고 있다. 이 사장이 3번에 걸쳐 만들
어 준 잡지를 견본으로 삼아 『미주현대불교』를 발행한지가 벌써 26년
째가 된다.

『SHAMBHALA - THE SACRED PATH OF THE WARRIOR』, 이 책의 영어 책을 발행한 샴발라 출판사 이사장인 샘 버콜즈는 1996년부터 필자 부부와 인연이 시작되었다. 지금은 불교출판활동을 하지 않지만, 1970년대부터 2000년까지 30년간 미국불교계에서 크게 활동한 주요 인사 중 한 사람으로 미국은 말할 것도 없고 티베트와 부탄을 비롯하여 유럽과 호주 등 전 세계적인 불교권 인맥을 가진 사람이다. 초감 트룽파와 비슷한 연배의 유대인인 샘 버콜즈는 원래는 샌프란시스코에서 서경보 스님으로부터 보살계도 받은 적이 있다. 초감 트룽파를 영국에서 미국으로 초청할 때부터 인연을 맺은 버콜즈는 초감 트룽파 린포체가 만든 불교단체 샴발라와 똑 같은 이름의 샴발라 출판사를 운영하고 있었다. 그러니까 샘 버콜즈는 샴발라 출판사라는 상업 출판사를 운영하면서 초감 트룽파 린포체의 제자였고, 초감 트룽파 린포체는 샴발라라는 비영리 종교단체를 만들어 북미주불교포교를 한 것이다. 2002년 필자의 초청으로 한국을 방문하기도 했던 샘 버콜즈 이사장은 필자에게 미국불교계에 대한 많은 정보와 티베트 불교계와 백인 불교계 인사들을 소개시켜 주었다.

이 책을 번역한 임진숙씨는 남편인 프랭크 테데스코 박사가 수 년 동안 『미주현대불교』에 투고 한 영어 글을 한국어로 번역해 주었다. 동국대학교 불교학과에서 철학박사를 받은 프랭크 테데스코 박사의 미국불교에 대한 영어 글과 이 글을 번역한 부인 임진숙씨의 한국어 기사는 미주현대불교의 독자들에게 열렬한 호응을 받았다. 『샴발라』는 임진숙씨가 2002년 7월부터 2004년 7월까지 약 2년간에 걸쳐 『미주현대불교』에 번역하여 연재한 글을 모은 것이다. 이 분들과의 인연에 행복하고, 이 책이 나오도록 애써준 여러분들의 노력에 감사를 드린다.

초감 트룽파 린포체는 미국불교에 쌓은 공적에 비해 한국불교계에 많이 알려지지 않은 것 같다. 생전에 그의 지도를 받은 대부분의 미국인들은 초감 트룽파를 달라이 라마보다도 더 존경하고 그의 지도를 따랐다. 그는 1963년 영국으로 건너가기 전에 인도에서 영국 옥스퍼드 대학을 졸업한 젊은 영국인 존 드라이버John Driver로부터 영어를 배우면서 서양의 문물을 이해하고 받아들였다. 또 미래에 티베트 불교를 이끌 툴구들의 교육을 위해 달라이 라마는 뉴델리에 세워진 청년 라마가정학교에 옥스포드를 졸업하고 인도인 바바 베디와 결혼한 후에 인도독립을 위해 활동한 영국 여성으로 불교 수행자인 프레타 베디를 교장으로, 트룽파를 정신적 지도자로 임명하였다. 이 가정학교에서도 오후에는 영어강좌가 있었다. 영국에 가기 전에 영어공부를 많이 하였던 초감 트룽파는 프레다 베디의 도움으로 1963년 영국으로 가 스폴딩장학생으로 옥스퍼드 대학에서 공부하였다. 그리고 1970년 1월에 북미로 왔다. 그에게 지도를 받은 사람들에 의하면 그는 카리스마가 넘치는 인물이었으며, 그의 강연을 듣기 위해 찾아온 청중들을 휘어잡는 뛰어난 언변과 재능이 있었다. 이러한 비범한 능력으로 그는 당시에 불교를 포함하여 동양사상에 관심 있는 많은 사람들과 수행자들을 몰고 다녔다. 그의 강연장에는 인파가 넘쳐 났고 그 강연에 매료된 수많은 사람들이 그를 따랐으며, 그로 인해 미국 주류사회로 불교가 널리 퍼졌다. 이렇게 하여 미국불교사에서 가장 드라마틱한 장면을 그가 연출하였다.

그가 한국불교계와 한국사회에 알려지지 않은 것은 그가 50살도 되기 전에 사망하여 한국불교계 인사들과 교류가 없었던 것도 한 이유가 될 것이다. 그는 일본 조동종의 스즈키 순류를 아주 높이 평가하여 존경하였으며, 그와는 아주 절친하게 지냈고 많은 교류가 있었다. 필자는 샴발라 센터 행사에 조동종 스님들이 귀빈으로 참석하는 것을 여러 번 목격하였는데, 이것은 그와 스즈키의 인연 때문이다. 그는 1976년 업스테이트 뉴욕에 있는 일본 사찰의 개원식에서 참가하여 귀빈들과 함께 기념사진을 찍었는데 그 사진에는 숭산스님도 보인다. 또 서경보 스님도 미국을 방문할 적에 콜로라도 볼더에 있는 나루빠 대학과 샴발라 센터를 자주 방문하였다. 하지만 스즈키 순류처럼 깊은 교류는 없었다. 그가 한국불교계에 많이 알려지지 않은 중요한 이유는 한국불교계에서 샴발라 불교를 잘 이해하는 사람도 없었고 또 그의 영어 저서들을 한국어로 번역한 책이 부족하여 한국불교계에 널리 알려지지 않았기 때문일 것이다. 불교권에서 초감 트룽파를 잘 모르다보니 기독교 목사가 가장 먼저 그의 책을 번역하여 한국어로 출판했다. 필자는 이현주 목사가 한국어로 번역하여 열림원 출판사에서 2004년 출판된 『초감 트룽파의 마음공부』 등 초감 트룽파 린포체의 한국어 책을 2권을 읽었다. 하지만 그 책들만 가지고서는 초감 트룽파를 알기에는 부족하다는 생각이 들었고, 이번에 출판되는 『샴발라』가 한국사회에 초감 트룽파를 널리 알리는 계기가 되기를 희망한다.

필자가 이 책을 주목한 것은 헐리우드 스타들이나 미국의 유명 인사들이 불교에 입문할 때 바로 이 책을 입문서로 본다는 뉴스를 여러 차례에 걸쳐 보았기 때문이다. 초감 트룽파에 대한 책을 번역하기 위해 버콜즈에게 부탁하였더니 주저 없이 이 책을 추천하였다.

이 책에는 전설적인 티베트 샴발라 왕국의 이야기가 자세하게 나온다. 또 진지하게 이 책을 읽으면 불교 책 제목으로는 한국불교인들에게는 다소 어색하고 생소하게 들리는 전사戰士라는 용어를 선택한 배경을 이해하게 된다. 필자는『미주현대불교』잡지 일을 하는 동안 콜로라도 록키 마운틴 샴발라센터를 비롯하여 볼더 센터, 나루빠 대학교, 뉴욕 맨하탄 샴발라 센터, 버먼트 주의 바넷에 있는 카메 초링 등을 수십 번 방문하면서 역사적인 불사들을 지켜 볼 기회가 있었다. (필자가 사는 뉴욕에서 콜로라도 록키 마운틴까지는 차로 낮에는 쉼 없이 달리고 밤에는 자면서 3일 정도를 가야 한다. 왕복으로는 거의 일주일이다. 필자는 샴발라의 역사적인 불사 현장을 취재하기 위해 이런 여정을 세 번 정도 하였다. 록키 마운틴 샴발라 행사에 참석하기 위해 $100 가까운 입장권을 사고 볼더에서 버스를 기다리던 백인들의 긴 행렬을 본 것은 지금 생각하면 아름다운 추억이다.) 이런 과정에서 그의 많은 제자들을 만나 이야기를 나누었다. 이런 배경으로 여러 번에 걸쳐 한국 불교인들을 샴발라 센터에 안내한 적이 있다. 그 중에서 샴발라 불교가 이상하다는 사람들을 종종 만났다. 또한 미국에도 초감 트룽파와 샴발라 불교를 비판하는 많은 아시아 스님들도 있다. 이러한 반응은 어쩌면 당연한 것으로 볼 수 있는데, 초감 트룽파가 만든 샴발라 불교는 티베트 불교도 아니고 남방이나 북방불교도 아닌 미국인들의 기호에 맞게 만든 불교라서 그러할 것이다. 이것은 일본의 정토진종을 미국사회에 토착화하기 위해 노력한 정토진종 2대 하와이 교구장 에묘 이마무라 스님을 떠올리게 한다. 이마무라 스님은 1899년부터 1932년 입적할 때까지 정토진종을 미국사회에 접목시키기 위해 부단한 노력을 하였다. 현재 미국 정토진종은 지금까지 그가 세운 토대 위에 있다. 미국인들이 가장 좋아하는 햄버거가 맥도날드라면 미국에 들어와 있는 모든 불교 중에서 미국인들이 가장 선호하는 불교는 샴발라 불교라고 할 수 있는데, 이 책은 샴발라 불교와 그런 미국 불교를 이해하는 데 좋은 길잡이가 될 것이다. 30년 전에 출판된 이 책을 읽어보면 그의 사상의 깊이를 엿볼 수 있고 반짝 인기를 얻은 다음 얼마간 시간이 지나면 흔적도 없이 사라지는 사람과는 다르다는 것을 느낄 수 있다. 이 책은 또한 사회 경험이 적은 젊은이들에게도 종교를 떠나 많은 도움을 줄 수 있는 책이라고 생각된다. 필자는 올해 고등학교를 졸업하는 아들의 졸업 선물로 이 책을 선물할 것이다. 젊은 청년의 영혼의 길라잡이가 될 이 책을.

2015년 3월
미주현대불교 발행인 김형근

● 편집자 서문

초감 트룽파Chogyam Trunga는 서구의 독자들에게 『영적 물질주의 극복하기Cutting Through Spiritual Materialism』(한국에서 〈쵸감 트룽파의 마음공부〉라는 번역제목으로 열림원에서 출간), 『자유 신화The Myth of Freedom』 그리고 『일상 속에서의 명상Meditation in Action』 등 불교의 가르침을 다루고 있는 대중적인 책들의 저자로 잘 알려져 있다. 이 책 『샴발라Shambhala』는 린포체의 초창기 저서들과는 아주 다르다. 린포체는 샴발라의 가르침과 불교의 가르침이 연계되어 있음을 시인하고, 불교의 명상수행과 동일한 좌식 명상에 대해 상세하게 논의하고 있기는 하지만, 이 책은 종교적이 아닌 세속적인 견해를 표명하고 있다. 생소한 용어는 몇 개 밖에 없고, 논조나 내용에 있어서도 이 책은 인간으로서의 체험과 도전에 대해 단도직입적으로 이야기하고 있다.

머리말에 린포체가 사용하고 있는 — 묵포 도제 드라둘Dorje Dradul of Mukpo이라고 하는 — 이름에서도 저자는 이 책을 그의 다른 저서들과 달리 취급하고 있다. 샴발라는 전사의 길 또는 용감한 자가 가는 길에 관한 책으로, 이는 순수하고 용감한 삶을 추구하는 사람이라면 누구든지 갈 수 있는 길이다. 도제 드라둘이란 칭호는 '무적의' 또는 '강인한 전사'를 뜻하고, 묵포는 저자의 성인데 어렸을 때 초감 트룽파 린포체란 불명을 받았다. 11장 '지금 이 순간nowness'에서 저자는 묵포라는 이름이 부여하는 중요성에 대해 설명하고 이 책에서 왜 그 이름을 쓰기로 했는지를 암시하고 있다.

저자는 샴발라 왕국의 전설과 비유를 바탕으로 이 책을 쓰고는 있지만 샴발라에 관한 불교의 칼라차크라Kalacakra의 가르침을 제시하는 것이 아니라고 잘라 말했다. 오히려 이 책은 티베트, 인도, 중국, 일본, 한국 등의 전통적인 산업화 이전의 사회에서 볼 수 있었던 고대의 원초적인 지혜와 인간행동의 원리를 바탕으로 하고 있다. 특히 이 책은 1959년 공산주의 중국이 침공할 때까지 티베트 사회에 절대적인 영향을 끼친 불교의 전래에 선행하는 티베트의 전사문화로부터 비유와 영감을 얻고 있다. 하지만 이런 출처를 막론하고 이 책에서 제시하고 있는 비전은 여기서 처음으로 밝히는 것이다. 이는 인간의 조건과 잠재력에 대한 독창적인 선언으로, 이 책에서 밝히고 있는 진실들은 ─ 우리가 벌써 알고 있기라고 하듯이 ─ 머릿속에서 항상 맴도는 친숙한 것으로 느껴지기 때문에 더 괄목할 만한 것이다.

샴발라 왕국에 대한 저자의 관심은 그가 수르망 사원Surmang Monasteries의 주지로 있었던 티베트 시절로 거슬러 올라간다. 젊은이였던 그는 전설적인 샴발라 왕국과 왕국으로 가는 길, 그리고 왕국의 내적인 중요성 등을 논하는 밀교 경전들을 공부했다. 1959년 공산 중국을 피해 히말라야를 넘어 망명을 하는 동안 초감 트룽파는 샴발라의 역사를 정신적인 측면에서 설명하는 책을 쓰고 있었는데 불행하게도 이는 망명 중에 상실됐다. 캐나다인으로 전직 인도 고등 판무관이자 저자의 친구이기도 했던 제임스 조지James George는 1968년 초감 트룽파가 그에게 "샴발라에는 가 본 적은 없지만 샴발라의 존재를 확신하고 있으며 깊은 명상에 들어갈 때면 거울 속에서 샴발라를 볼 수 있었다"고 말했다고 한다. 제임스는 그 후에 저자가 작은 손거울을 들여다보면서 샴발라 왕국에 대해 상세히 설명하는 것을 목격했다고 했다. 제임스에 따르면 "…트룽파가 내 서재에서 마치 창밖을 내다보고 있는 것처럼 그가 (손거울에서) 본 것을 설명하고 있었다."라고 했다.

이런 샴발라 왕국에 대한 그의 지속적인 관심에도 불구하고 초감 트룽파는 처음에 서구에 와서는 지나가는 언급을 제외하고는 샴발라에 대한 이야기를 일절 피해왔다. 1976년 일 년에 걸친 정진에 들어가기 몇 달 전에 가서야 그는 샴발라 가르침의 중요성을 강조하기 시작했다. 1976년 200여 명의 학생들을 대상으로 하는 바즈라다투 강원 Vajradhatu Seminary의 삼 개월에 걸친 고급 훈련과정에서 초감 트룽파는 샴발라의 가르침에 관한 강의를 몇 번 했다. 1977년 정진수행 중에 저자는 샴발라에 관한 일련의 글을 쓰기 시작했고 그의 제자들에게 세속적이고 대중적인 명상 프로그램을 시작할 것을 요청했는데 그는 이를 '샴발라 수행Shambhala Training'이라 이름했다.

그 후 저자는 샴발라 비전과 관련된 주제로 백여 개가 훨씬 넘는 강연을 했다. 이 강연들은 샴발라 수행 프로그램의 학생들과 교육의 책임자나 교사들을 위한 강연, 미국 내 대도시에 한 대중강연, 1979년 여름 콜로라도 주의 볼더에 있는 나로파 연구소Naropa Institute에서 오셀 텐진Osel Tendzin과 함께 '샴발라의 전사'라는 주제로 열렸던 세미나에서 한 강연 등을 포함한다.

이 책을 준비하기 위해 편집자들은 저자의 지도를 받아 주제와 관련한 모든 강연들을 검토하고 특정 주제들을 가장 잘 적절하게 다루고 있는 강연들을 물색했다. 이에 덧붙여 저자는 특히 20장 '진정한 존재'에 등장하는 속성인 온유, 확신 그리고 용기에 대한 논의 등 이 책의 바탕이 되는 글들을 썼다. 그는 1977년 정진 중에 이미 불가사의 inscrutability에 관한 에세이를 써 놓았는데 나머지 세 가지 속성에 대한 글들을 먼저 써 놓은 원고들과 양립할 수 있도록 이 책을 염두에 두고 썼다.

각 장들의 순서와 주제의 논리적인 전개를 결정함에 있어서 처음 원고들이 아주 중요한 지표가 되어 주었다. 원고를 검토하면서 편집자들은 샴발라의 가르침이 정신의 논리뿐만 아니라 마음의 논리도 제시하고 있음을 발견하게 되었다. 지성에 못지않게 직감을 바탕으로 하는 이 가르침은 복잡하고 때로는 종횡으로 펼쳐지는 인간의 체험에 관한 것이다. 이런 특성을 지키기 위해 편집자들은 이 책의 구성을 원래 강연들의 구성에 따르기로 했다. 이 결정이 때로는 주제를 모순적이고 상반되게 다루는 결과를 낳았지만 이런 난이함에도 불구하고 원래 강연의 기본적인 논리를 그대로 유지함으로써 원고의 전반적인 품위와 총체성을 가장 잘 지킬 수 있었다.

어휘들을 다루는 기본적인 지침은 원래 강연의 총체성을 존중하는 것이었다. 샴발라의 원리를 제시하는데 있어 저자는 '선善. goodness'과 같은 평범한 영어 단어에 아주 특별한 의미를 부여한다. 이렇게 함으로써 초감 트룽파는 일상적인 체험을 성스런 차원으로 부상시켰으며 동시에 마법과 같은 신비로운 개념을 일상적인 지식과 인식의 세계에 도입하고 있다. 단순해보이면서도 미묘한 지식을 수용할 수 있도록 영어 단어의 의미를 확장시킨 것이다. 편집을 하면서 우리는 저자의 목소리를 감추기보다는 이를 유지하고 강조하고자 했는데 이런 접근방식이 이 글이 담고 있는 파워를 가장 잘 보여준다고 생각해서였다.

샴발라 작업을 시작하기 전에, 저자의 강연의 대부분은 학생과 교사들이 샴발라 수행 프로그램에 사용할 목적으로 이미 편집을 해놓은 상태였다. 마이클 콘Michael Kohn, 주디쓰 리프Judith Lief, 사라 레비 Sarah Levy, 데이비드 롬David Rome, 바바라 블로인Barbara Blouin 그리고 프랭크 벌리너Frank Berliner 등이 한 이런 초창기의 편집 작업에 감사를 표한다. 이 책을 준비하는 작업이 이들 덕분에 훨씬 쉬워졌다.

샴발라 수행에 사용한 커리큘럼은 이 책의 원고들을 정리하는데 큰 도움이 되었으며, 저자의 비서이자 쇼켄 서적Schocken Books 발행인의 보조직원인 데이비드 롬David Rome, 나란다 재단의 부총재인 제레미 헤이워드 박사Dr. Jeremy Hayward, 샴발라 교육의 이사인 라일라 리치Lila Rich, 그리고 그 직원들, 특히 프랭크 벌런너, 크리스티 베이커 Chrisite Baker와 댄 홈즈Dan Holmes 등 지난 6년 동안 저자와 함께 교육과정을 개발하고 개정해 온 이들에게 감사를 드린다.

샴발라 수행의 공동 창립자이자 초감 린포체의 법맥을 이어갈 오셀 텐진은 지속적인 지도를 해주었는데 그는 이 책의 초안을 검토하고 책이 완성될 때까지 여러 단계에 걸친 원고에 중요한 조언을 제공했다. 이 프로젝트에 동참해 준 데 대해 깊은 감사를 드린다.

샴발라 출판사Shambhala Publications의 새뮤엘 버콜즈Samuel Bercholz도 비슷한 역할을 해주었다. 1968년 회사 이름을 샴발라라고 지은 것에서도 알 수 있듯이 버콜즈 씨는 샴발라와 샴발라의 지혜에 깊은 관계를 지니고 있다. 이 프로젝트에 대한 그의 확신과 지속적인 관심이 원고를 진행하고 이를 완성시키는데 중요한 역할을 했다.

원고 작업을 성공적으로 해낸 두 명의 바즈라다투 편집인 사라 레비와 다나 홈Donna Holm의 이름도 특별히 언급하고자 한다. 또 뉴 사이언스 라이브러리의 편집인이자 『에덴으로부터Up from Eden』 및 여러 책의 저자이기도 한 켄 윌버Ken Wilber에게도 각별한 사의를 드리고자 한다. 윌버씨는 마지막 두 단계의 원고를 읽어 주었고 그의 상세하고도 첨예한 지적으로 최종 원고를 많이 고치게 되었다.

로버트 워커Robert Walker는 편집자들의 업무비서로 일했는데 그가 제공한 비서 및 업무 보조가 아니었더라면 이 책을 완결하지 못했을 것이다. 그가 이 프로젝트에 제공한 탁월하고도 쉼 없는 지원에 깊은 사의를 표한다. 몇 달 동안 업무비서로 일하면서 열성적으로 도와 준 레이철 앤더슨Rachel Anderson에게도 감사한다. 우리가 이 책을 시작하기 전에 이미 강연을 글로 옮겨 놓아주었던 수많은 자원 봉사자들을 일일이 거명할 수는 없지만 이들의 협조에도 감사드린다.

이 책의 편집자들은 또 이 책에 등장하는 티베트어를 번역해 준 나란다 번역단Nalanda Translation Group, 그중 특히 우겐 센펜Ugyen Shenpen에게 감사를 드리고자 하는데 그는 티베트어로 된 문구들을 붓글씨로 써 준 분이다. 또 샴발라 출판사의 편집 제작부 직원들, 특히 래리 머멜스타인Larry Mermelstein, 에밀리 힐번Emily Hilburn 그리고 헤이즐 버콜즈Hazel Bercholz의 도움에 고마움을 전한다. 마빈 케스퍼 Marvin Casper, 마이클 챈더Michael Chender, 로드로 도제Lodro Dorje, 래리 도시 박사Dr. Larry Dossey, 웬디 고블 박사Dr. Wendy Goble, 제임 즈 그린 박사Dr. James Green, 린 힐더브랜드Lynn Hildebrand, 린 마이 럿Lynn Milot, 수잔 퍼디Susan Purdy, 에릭 스카이Eric Skjei, 수잔 니멕 스카이Susan Niemack Skjei, 조세프 스필러Joseph Spieler, 제프 스톤Jeff Stone, 조슈아 짐Joshua Zim 등 최종 원고를 읽고 논평을 해준 수많은 독자들에게도 감사한다. 최종 원고를 꼼꼼하게 송고 정리를 해준 고블 박사에게 특별히 감사를 드린다.

샴발라의 가르침을 제시한 저자의 비전과 이 책을 편집하면서 저자 를 도울 수 있는 특권을 누리게 된 것에 대해 저자에게 뭐라고 감사를 드려야 할지 모르겠다. 편집자들과 긴밀하게 원고작업을 하는 것 말고 도 저자는 신비롭고도 파워가 넘치는 환경을 제공해주어 이 프로젝 트 전반에 걸쳐 영감을 주었다. 이를 과장된 주장이라고 할 수도 있겠 지만 일단 이 책을 읽고 나면 독자들도 이런 주장이 그다지 이상하지 않다는 것을 깨닫게 될 것이다. 편집자들의 부족한 비전에도 불구하고 저자가 이 책에 부여한 특별한 힘이 이 책의 지혜를 보여줄 수 있을 것 으로 믿는다. 우리가 이런 가르침의 파워를 차단하거나 미약하게 만들 지 않았기를 바란다. 이들 가르침을 통해 뭇 중생들이 석양의 사악한 전사들로부터 자유로워지기를 기원한다.

이 책을 통해 샴발라의 비전을 제시할 수 있어서 무척 기쁘다. 이는 세상이 필요로 하고 목말라하고 있는 것이다. 그러나 이 책이 밀교전통의 샴발라 가르침에 대한 비법을 제시한다거나 칼라차크라의 가르침을 대변하는 것이 아님을 분명히 하고자 한다. 이 책은 오히려 일상 속에서 성스러움, 존엄 그리고 전사의 정신을 잃어버린 사람들을 위한 안내서이다. 이 책은 특히 인도, 티베트, 중국, 일본 및 한국의 고대 문명에서 볼 수 있었던 전사의 원리를 근거로 한다. 이 책은 개개인의 삶을 순화하고 전사의 참된 의미를 알리는 법을 제시하고 있는데 여기서 네 가지 속성으로 논하고 있는 호랑이, 사자, 가루다, 용의 원리를 사용해 야만인들을 정복한 위대한 티베트 링 왕국의 게사르 왕의 실례와 지혜에 영감을 받았다.

이전에 불교의 가르침을 맥락으로 지혜와 인간생명의 존엄성에 관해 가르칠 수 있었던 것을 영광으로 생각하고 이에 감사한다. 이제 샴발라 전사의 원리와 두려움 없이 기쁜 마음으로, 서로를 해하지 않고 전사로서의 삶을 살아갈 수 있는 방법을 발표할 수 있게 되어 무척 기쁘다. 이렇게 함으로써 위대한 동쪽의 태양의 비전을 장려하고 모든 사람들에게 내재해 있는 선善을 실현할 수 있을 것으로 확신한다.

묵포 도제 드라둘
볼더, 콜로라도
1983년 8월

● 기획자 서문   9

● 편집자 서문   15

● 머리말   22

제1부

전사가 되는 법   27

　　1. 깨달음의 사회 만들기   31

　　2. 본질적인 선을 찾아서   43

　　3. 진정한 슬픔   51

　　4. 두려움과 용기   57

　　5. 몸과 마음의 일치   62

　　6. 위대한 동쪽의 태양이 뜨다   67

　　7. 고치   73

　　8. 포기와 용기   79

　　9. 전사의 길   85

　　10. 놓아 버리기   93

제2부

성스러움: 전사의 세계　105

11. 지금 이 순간　108

12. 마법의 발견　117

13. 마법을 불러내는 법　127

14. 오만으로부터 벗어나기　137

15. 습관적인 행위로부터 벗어나기　142

16. 성스런 세상　147

17. 자연의 위계질서　157

18. 통치하는 법　165

제3부

진정한 존재 Authentic Presence　175

19. 보편적인 군주　178

20. 진정한 존재　184

21. 샴발라의 계보　203

◉ 후기　212

◉ 지은이 초감 트룽파 린포체　218

◉ 옮긴이 임진숙　221

◉ 참고 자료　224

제1부

전사가 되는 법

༄༅། །ཁྲེག་མ་ཐབ་མ་མེད་པ་ཨེ། །སྡུད་པའི་མེ་ལོང་ཆེན་པོ་ལས།
མི་ཡེ་སྲིད་པ་མངོན་པར་ལར། །དེ་ཚེ་གྲོལ་དང་འབྲུལ་བ་བྱུང་།
གདོད་ནས་གྲོལ་བའི་གནི་འཇིངས་ལ། །དོག་སྣག་བྱེ་ཚོ་མ་ཕར་བའི་ཚེ།
སྤྲ་མའི་ཆུ་ཚོགས་དེ་སྲེད་བྱུང་། །གདོད་ནས་གྲོལ་བའི་གནི་འཇིངས་ལ།
སྲོ་ཞིང་རྟེས་སུ་འབྱངས་བའི་ཚེ། །དཔའ་བོའི་ཆུ་ཚོགས་དེ་སྲེད་བྱུང་།
སྤྲ་མའི་ཆུ་ཚོགས་མང་པོ་ནི། །ཟག་སྡུག་རགས་སྤྱང་དག་ཏུ་ཡིན།
སྐུན་ཏྲུ་བསད་ནས་ཕ་ལ་ནས། །དྲུ་འགྲོ་རྣམས་ཀྱི་རྗེས་སུ་འབྱངས།
གཅིག་གིས་གཅིག་ལ་འཇིངས་སྐྲག་འགྱུང་། །དེ་ཚོ་རང་གྲོག་རང་གིས་བཅད།
ཞེ་སྡང་མེ་དཔུང་ཆེན་པོར་སྤྱར། །འདོད་ཆགས་ཆུ་པོ་དྲག་ཏུ་ལྡུར།
ལེ་ལོའི་འདམ་རྫབ་འནར་པར་འགྱོ། །ཤད་དང་སྐུ་གཉིས་བསྐལ་པ་བྱུང་།
གདོད་མའི་གནི་བ་འཇིངས་ལ་གནས་པའི། །དཔའ་པོའི་ཆུ་ཚོགས་མང་པོ་རྣམས།
ལ་ལས་མཐོའི་རི་བོར་ཕྱིན། །ཤེལ་གྱི་གནས་མ་ཁར་མཇེས་པ་བཅུགས།
ལ་ལ་མཚོ་སྐྱིང་མཇེས་པར་ཕྱིན། །ཡིད་དུ་འོང་བའི་པོ་བྲང་བརྗེགས།
ལ་ལ་འདེ་བའི་ཐང་དུ་ཕྱིན། །ཨས་འབུས་གྲོ་ཡེ་སོ་ནས་གཟིལ།
ཀུན་གྱང་ཏྲག་ཏུ་ཚོད་པ་མེད། །རྟག་ཏུ་ཐུགས་ཞེང་གཏོང་བོང་ཆེ།
མ་བསྐལ་རང་བྱུང་སྤྱང་གྱང་གིས། །བོང་མ་རིགས་ལྟན་རྟག་ཏུ་གུས།

시작도 끝도 없는
위대한 우주의 거울로부터
인간 사회가 일어났다.
그 때에 자유와 혼돈도 일어났다.
본래 얽매이지 않는 확신에 대한
두려움과 의심이 일어나자
수많은 겁쟁이들이 생겼다.
본래 얽매이지 않는 확신을
따르고 이에 환호하자
수많은 전사들이 생겼다.
수많은 겁쟁이들은
동굴과 숲속에 몸을 숨기고
형제와 자매들을 죽이고 이들의 육신을 먹으니,
이들은 비수의 선례를 따르고
서로에게 공포를 자아내
스스로의 목숨을 끊었다.
이들은 증오의 불기에 부채질을 하고
욕망의 강을 끊임없이 휘젓고
나태함에 빠져서

기근과 질병의 시대가 도래했다.

본원적인 확신에 충실했던 이들 중에
많은 전사들의
일부는 고산지대로 올라가
아름다운 크리스탈 성을 세웠고
일부는 아름다운 호수와 섬으로 이루어진 곳으로 옮겨가
아름다운 궁궐을 세웠다.
평화로운 평원으로 옮아간 이들은
보리와 쌀과 밀밭을 일궜다.
이들은 전혀 다투지 않았고
언제나 사랑하고 너그러웠다.
자재自在하는 불가사의inscrutability로 누가 권하지 않아도
리그덴 왕국에 늘 충성을 다했다.

01

◉ 깨달음의 사회 만들기 ◉

샴발라의 가르침은 인간 본연의 지혜가 세상의 문제를 해결하는데
도움이 된다는 사실을 전제로 한다. 이 지혜는 특정 문화나 종교에
국한된 것이 아니며 서양이나 동양에서 비롯된 것도 아니다. 이 지혜
는 인류의 역사를 통해 다양한 문화 속에 끊임없이 존재해온 것이다.

여러 아시아 국가들과 마찬가지로 티베트에도 현대 아시아 사회의 지
식과 문화의 근원이 된 전설적인 왕국에 대한 이야기가 존재한다. 전설
에 따르면, 현명하고 자애로운 왕이 통치하는 이 왕국은 평화와 번영
을 누렸다고 한다. 백성들은 왕 못지않게 자애롭고 학문이 뛰어났으며
왕국은 모범적인 사회였다. 이곳이 바로 샴발라라고 불리는 곳이었다.
　샴발라 사회의 발달에 불교가 중요한 역할을 했다고 전해진다. 전설
에 따르면 석가모니 부처님께서 샴발라 왕국의 첫 통치자인 다와 상
포Dawa Sangpo에게 수승한 밀교의 가르침을 전해 주었다고 한다. 칼
라차크라 탄트라Kalacakra Tantra로 전해진 이 가르침은 티베트 불교에
서는 가장 수승한 지혜의 하나로 간주된다. 왕이 이 가르침을 받고 난
후 샴발라 왕국의 모든 백성들은 명상수행을 시작했고 중생을 향한

자비심을 가르치는 불도를 따르게 되었다고 이야기는 전한다. 이렇게 해서 국왕뿐 만 아니라 왕국의 모든 백성들도 높은 경지에 이르게 되었다.

티베트 사람들은 아무도 모르는 히말라야의 외진 계곡에 숨어있는 샴발라 왕국을 찾을 수 있다고 믿는다. 불교 경전 중에는 샴발라 왕국에 이르는 애매모호한 길을 자세히 설하고 있는 경전도 있기는 하지만 이를 문자 그대로 받아들일 것인지 아니면 비유적으로 받아들여야 하는 지에 대해서는 의견이 분분하다. 샴발라 왕국에 대해 상세하게 언급하고 있는 불교 경전들도 적지 않다. 그 예로 19세기의 유명한 불교계 스승인 미팜Mipham의 『칼라차크라 해설서Great Commentary on the Kalacakra』에 따르면, 샴발라 왕국은 시타Sita 강의 북쪽에 위치하고 있으며 국토는 여덟 개의 산맥으로 나누어져 있다고 한다. 샴발라 왕국의 통치자인 리그덴Rigdens이 주석하고 있는 왕궁은 나라 한 가운데에 있는 원형의 산꼭대기에 있는데, 미팜Mipham의 주석에 따르면, 이 산은 카일라사Kailasa라고 한다. 칼라파Kalapa 궁전이라 불리는 이 궁전은 사방으로 몇 마일에 걸쳐 있는데 궁전의 남향 정면에는 말라야Malaya라고 하는 아름다운 정원이 있고, 이 정원의 한 가운데에는 다와 상포왕이 세운 칼라차크라 사원이 자리하고 있다.

어떤 전설은 샴발라 왕국이 수세기 전에 지구상으로부터 사라졌다고도 한다. 어느 한 시점에 왕국의 모든 사람들이 깨달음을 얻게 되었고 왕국은 더 높은 차원의 천상계로 사라졌다고 한다. 이 이야기들에 따르면 샴발라 왕국의 리그덴 왕들이 인간 세상을 여전히 살피고 있으며 언젠가 인간을 파멸로부터 구하기 위해 지구로 되돌아 올 것이라고 한다. 티베트 사람들 중에는 위대한 티베트의 무왕武王인 링Ling 왕국의 게사Gesar가 리그덴 왕과 샴발라의 지혜로부터 영감과 지도를 받았다고 믿는 이들이 적지 않다. 이는 샴발라 왕국이 천상계에 존재한다는 믿음을 잘 반영하고 있다. 게사 왕이 샴발라국에 직접 갔다 온 것은 아니라고 알려져 있으므로 그와 샴발라와의 관계는 정신적인 것이라 볼 수 있다. 게사는 11세기 경에 살았던 왕으로 동부 티베트의 캄 지방에 위치한 링이라는 소왕국의 국왕이었다. 게사의 통치에 뒤이어 전사이자 국왕이었던 그의 위업에 관한 이야기들이 티베트 전역에 걸쳐 전해졌고 그의 이야기는 결국 티베트 문학의 대서사시로 남게 되었다. 게사가 샴발라로부터 군대를 이끌고 와 세상의 모든 악한 세력을 정복할 것이라고 하는 전설도 있다.

최근에는 서양 학자들이 샴발라 왕국이 중앙 아시아의 장중Zhang-Zung 왕국처럼, 역사적으로 기록이 남아 있는 고대 왕국들 중의 하나일 수도 있다는 사실을 지적하고 나섰다. 그러나 대부분의 학자들은 샴발라 왕국의 이야기는 전설일 뿐이라고 믿는다. 샴발라 왕국을 꾸며낸 이야기로 쉽게 간주해버릴 수도 있지만 이 전설이 만족스럽고 의미 있는 삶을 갈구하는 뿌리 깊은 인간의 현실적인 욕구의 표현이라 볼 수도 있을 것이다. 실제로, 대부분의 티베트 불교 스승들은 전통적으로 샴발라 왕국이 외형적인 특정 장소가 아니라 누구나 이룰 수 있는 깨침과 평정의 기반 또는 뿌리로 간주한다. 이런 관점에서 보면 샴발라 왕국이 사실인지 허구인지를 판가름하는 것은 중요한 일이 아니다. 오히려, 샴발라가 대변하고 있는 이상 사회를 이해하고 따르는데 힘써야 할 것이다.

지난 칠 년 동안, 샴발라 왕국의 상징을 활용하는 '샴발라의 가르침'을 펴왔다. 이 상징은, 종교적인 견해에 의존하지 않고 자신을 포함한 모든 이들의 생활을 향상시킬 수 있는, 세상 속에서의 깨달음이라는 이상을 대변하고 있다. 샴발라의 가르침이 평정과 자비의 불교 전통을 바탕으로 하지만 동시에 인간으로서의 자아를 직접 계발하는 독자적인 근거를 지니고 있다. 인간 사회가 현재 당면하고 있는 심각한 문제들을 보면, 자신을 이해하고 이를 남들과 함께 할 수 있는 단순하고도 종파를 초월한 방법을 찾는 것이 더 중요하다는 것을 알 수 있다. '샴발라 비전'이라고도 불리는 샴발라의 가르침은 우리 모두의 공존을 권장하기 위한 시도의 하나이다.

핵전쟁의 위협, 만연하고 있는 가난과 경제 불안, 사회적, 정치적 혼란, 여러 가지 심리적 문제 등 현 세계의 상황은 우리 모두의 근심을 불러일으키고 있다. 세상은 극도의 혼란에 빠져있다. 샴발라의 가르침은 인간 본연의 지혜가 세상의 문제를 해결하는데 도움이 된다는 사실을 전제로 하고 있다. 이 지혜는 특정 문화나 종교에 국한된 것이 아니며 서양이나 동양에서 비롯된 것도 아니다. 오히려 이 지혜는 인류의 역사를 통해 다양한 문화 속에서 끊임없이 존재해온 것이다.

여기서 전사戰士란 남들과 전쟁하는 것을 가리키는 것이 아니다. 전쟁은 우리가 직면하고 있는 문제의 근원이지 해결책이 아니다. 여기서 '전사'라고 하는 단어는 티베트어인 파오pawo에서 유래된 것으로, '용감한 사람'을 뜻하는 말이다. 이런 의미에서 전사는 용감하고 대담한 인류의 전통이다. 북아메리카 인디언들은 물론 남아메리카 인디언 사회에서도 이런 전통이 존재했다. 일본의 사무라이도 지혜로운 전사의 전통을 보여주고 있으며 서구의 기독교 사회에서도 계몽주의 전사가 존재해 왔다. 아써 왕King Arthur은 서구의 전설적인 전사의 전형이며 다윗 왕과 같은 성경 속에 등장하는 위대한 통치자들도 유대·기독교 전통에서 흔히 볼 수 있는 전형적인 전사들이다. 이 세상에는 훌륭한 귀감이 되는 전사들을 얼마든지 찾아볼 수 있다.

전사가 되는 비결이자 샴발라 비전의 첫 번째 가르침은 바로 자신을 두려워하지 않는 것이다. 궁극적으로는 이것이 바로 용기에 대한 정의로 '자기 자신을 두려워하지 않음'을 의미한다. 샴발라 비전은 세상의 심각한 문제에 직면해서도 우리 인간은 용감하면서도 동시에 자비로울 수도 있다는 것을 가르친다. 샴발라 비전은 이기주의의 반대이다. 자신을 두려워하고 세상에서 일어나는 외관상의 위협을 두려워할 때 우리는 극도로 이기주의적이 된다. 우리들이 안전하게 살 수 있도록 우리들만의 작은 둥지, 우리들만의 고치를 만들려고 한다.

하지만 우리는 이보다 훨씬 더 용감해질 수 있다. 우리 집, 벽난로에서 타고 있는 불꽃, 자녀들을 학교에 보내고 출근하는 것들을 초월해 생각할 수 있어야 한다. 우리가 어떻게 이 세상을 도울 수 있는가를 생각해보아야 한다. 우리가 돕지 않는다면 아무도 돕지 않을 것이다. 이제는 우리가 세상을 도와야 할 때이다. 그렇지만 남을 돕는다는 것이 개인적인 삶을 포기함을 뜻하는 것은 아니다. 남을 돕는다고 해서 갑

자기 우리가 살고 있는 도시의 시장이 되거나 미국의 대통령이 되어야 하는 것이 아니라 친지들과 친구들 그리고 주변의 사람들과 함께 시작할 수 있다. 나 자신으로부터 시작할 수 있다. 중요한 점은 잠시도 쉬어서는 안 된다는 사실을 깨닫는 것이다. 온 세상이 도움을 필요로 하고 있으므로 게으름을 피워서는 안 된다.

누구나 세상을 도울 책임이 있기는 하지만 만약 우리의 생각이나 도움을 남들에게 강요한다면 오히려 혼돈을 가중시킬 수도 있다. 세상이 필요로 하는 것에 대한 의견들은 분분하다. 공산주의가 세상이 필요로 하는 것이라 보는 이들이 있는가 하면 민주주의가 우리가 필요로 하는 것이라 생각하는 이들도 있다. 기술이 세상을 구원해 줄 것이라 생각하는 이들도 있고 기술이 세상을 멸망으로 이끈다는 사람들도 있다. 샴발라의 가르침은 세상 사람들을 또 다른 이론으로 전향시키려는 것이 아니다. 샴발라 비전의 전제는, 인류를 위한 깨달음의 사회를 실현하기 위해서는, 우리가 세상에 바칠 수 있는 것이 무엇인지를 먼저 발견하는 것이다. 따라서 우리는 먼저 자신의 경험을 면밀히 관찰하여 그 속에서 우리 모두의 삶을 향상시키는데 도움이 되는 것이 무엇인지를 파악하는 노력이 필요하다.

우리들의 모든 문제와 혼돈, 모든 감정적, 심리적 기복에도 불구하고 공정한 눈으로 바라본다면 인간이라는 존재는 근본적으로 선善하다는 것을 발견할 수 있다. 우리들의 일상적인 삶 속에서 이런 선의 바탕을 발견하지 않는 한 남들의 삶을 향상시킬 수 없다. 우리가 그저 비참하고 불행한 존재일 뿐이라면 깨달음의 사회를 실현하는 것은 고사하고 이를 상상조차 할 수 없을 것이다.

참된 선의 발견은 아주 단순하기 그지없는 체험들의 소중함을 인정하는데서 비롯된다. 백만 불이라는 엄청난 돈을 벌거나 마침내 대학을 졸업하게 되었다거나 새 집을 구입했을 때 느끼는 희열을 얘기하는 것이 아니라 여기서 우리가 이야기하고자 하는 것은 ― 업적이나 욕구의 충족에 의존하지 않는 ― '살아있다'라고 하는 근본적인 가치이다. 우리는 이런 근원적인 미덕을 늘 체험하고 있으면서도 이를 알아차리지 못하는 경우가 허다하다. 밝은 색을 통해 우리는 우리 안에 내재하고 있는 선을 보게 되고 아름다운 소리를 통해 우리 자신의 본질적인 선을 들을 수 있다. 샤워를 마치고 나오면 상쾌하고 청결함을 느끼고 공기가 탁한 방을 빠져 나오면 신선한 한줄기 바람이 고맙기 그지없다. 이런 일상사들은 순식간에 일어나지만 이들이 바로 선을 실제로 체험하는 것이다. 이런 체험은 늘 존재하지만 우리는 이들을 별 볼일 없거나 전적인 우연으로 무시해 버린다. 그러나 샴발라 가르침은 이런 순간들을 인식하고 활용할 필요가 있다고 보는데 그 이유는 이 순간들이 본질적인 선, 즉 우리의 일상 속에 내재해 있는 비폭력과 순수함을 보여주기 때문이다.

인간은 누구나 온전하고 맑은 선한 본성을 지니고 있다. 이에는 놀라울 정도의 부드러움과 감사함이 내포되어 있다. 인간으로서 우리는 사랑을 할 수 있다. 누군가를 부드럽게 어루만져 준다. 다정하게 입맞춤을 한다. 아름다움을 즐긴다. 세상의 좋은 것들도 즐길 수 있다. 노란색, 붉은색, 녹색, 자주색의 선명함을 즐길 수도 있다. 우리의 체험은 진실한 것이다. 노란색을 보고 좋아하지 않는다고 해서 붉은 색이라고 할 수 있겠는가? 이는 현실과 모순이 된다. 햇빛이 비추는데 빛이 싫다고 하고 이를 거부할 수 있는가? 정말로 거부한다고 말할 수 있겠는가? 눈부신 햇살이나 아름다운 눈송이의 아름다움을 감사히 받아들인다. 현실의 아름다움을 인정하면 우리도 변하게 된다. 잠을 몇 시간밖에 못 자고 아침에 일어나야 할 때도 있지만 창밖에 햇살이 빛나는 것을 보면 기분이 나아진다. 우리가 살고 있는 세상이 아름답다는 것을 인식한다면 절망을 극복할 수 있다.

세상이 아름답다는 것은 감정에 이끌린 생각이 아니라 우리가 그 아름다움을 체험할 수 있기 때문에 아름답다는 것이다. 인간의 본성은 주변 환경의 아름다움과 함께 하기 때문에 건전하고 편견이 없으며, 직접적이면서도 진실된 세상을 체험할 수 있다. 인간의 지성과 존엄이라는 잠재력은 눈부신 푸른 하늘, 신선한 초원, 나무와 산들의 아름다움을 체험하는 것과 다르지 않다. 우리를 일깨워주고 근원적, 원초적인 선을 체험하게끔 해주는 현실과 실제로 연계되어 있다. 샴발라의 비전은 우리를 일깨워주고 본질적인 선을 체험할 수 있게 해주는데 이는 이미 시작되었다.

그렇지만 아직도 질문이 하나 남아있다. 한 줄기 햇살을 보고, 선명한 색들을 보고, 아름다운 음악을 듣고, 맛있는 음식을 먹는 등에서 우리는 진정으로 세상을 체험했는지도 모른다. 하지만 이런 순간의 아름다움이 지속적인 체험과 연계될 수 있는가? 다른 한편으로 우리는 이런 생각을 할 수도 있다: "나와 현상계 속에 존재하는 선을 소유하고 싶다." 그래서 이를 소유하기 위한 방법을 찾아 헤맨다. 좀 더 노골적인 차원에서 우리는 "그걸 소유하려면 돈이 얼마나 필요하지? 그 체험은 너무나 멋진 것이었어. 그 체험을 소유하고 싶어."라고 할 수도 있다. 이런 접근법의 근본적인 문제는 비록 원하는 것을 갖게 되더라도 절대로 만족하지 못한다는 사실인데 그 이유는 우리가 여전히 더 원하기 때문이다. 뉴욕의 5번가로 나가보면 이런 좌절감을 확인해 볼 수 있다. 5번가에서 쇼핑을 하는 사람들은 심미안을 가지고 있어서 인간 존엄성을 실현할 수 있는 가능성을 가지고 있다고 볼 수 있다. 그러나 다른 한편으로 이들은 가시에 덮여있는 것과도 같다. 이들은 언제나 더 많은 것을 소유하고자 하기 때문이다.

또 겸허한 자세로 선을 체험하는 방법이 있다. 누군가가 그의 주장에 당신의 모든 것을 바친다면 당신을 행복하게 해주겠다고 한다. 만약 당신이 원하는 선을 그가 지니고 있다고 믿는다면 당신은 선을 체험하기 위해서 머리를 깎고, 승복을 입고, 바닥을 기고, 손으로 음식을 먹는 것도 마다하지 않을지도 모른다. 존엄성을 팔고 노예가 되려고도 할 것이다.

이 두 방법은 좋은 것, 유형적인 것을 구하려는 시도들이다. 돈이 많은 이라면 이를 위해 엄청난 돈을 쓰는 것도 마다하지 않을 것이고 가난한 이는 이에 생애를 바칠 수도 있다. 그러나 이 두 가지 방법에는 문제가 있다.

문제는 우리 내면에 있는 선의 잠재력을 깨닫기 시작하면 이를 지나치게 심각하게 받아들이는 수가 많다는 것이다. 선을 위해서 죽이거나 선을 위해서 목숨을 바칠 수도 있다. 여기서 부족한 것은 유머 감각이다. 우리가 여기서 말하는 유머는 농담을 하거나 우스꽝스럽다거나 남들을 비판하고 조소하는 것을 뜻하는 것이 아니다. 진실한 유머 감각은 가벼운 접촉으로 비롯된다. 현실을 땅에 때려눕히는 것이 아니라 현실을 가벼운 접촉을 통해 바르게 인식하는 것이다. 샴발라 가르침의 기본은 이런 온전하고도 참된 유머 감각, 즉 가벼운 접촉을 통한 바른 인식을 되찾는 것이다.

자신을 살펴보고, 자신의 마음과 모든 활동을 주의해서 본다면, 우리가 살아오면서 잃어버린 유머를 되찾을 수 있다. 먼저 평범한 가정에서의 현실 ─ 칼, 포크, 접시, 전화기, 식기 세척기, 수건 등과 같은 일상적인 것들을 눈여겨보아야 한다. 특별하거나 신비로울 것이 전혀 없는 것들이지만 이런 평범한 일상적인 환경과 관계를 맺지 못하고, 우리의 평범한 삶을 눈여겨보지 않는다면, 우리는 유머도 존엄성도 그리고 궁극적으로는 현실도 경험할 수가 없다.

나름의 방식대로 머리를 빗고 옷을 입고 설거지를 하는 등 우리의 모든 활동들은 온전함의 연장이다. 이들은 현실을 이어주는 방법이다. 물론 포크는 포크일 뿐이다. 음식을 먹는데 사용하는 단순한 도구이다. 그러나 이와 동시에 우리의 의식과 존엄성의 연장은 우리가 어떻게 포크를 사용하는가에 달려있을 수도 있다. 간단히 말하자면 샴발라 비전은 우리들의 삶의 방식, 즉 일상생활과의 관계를 이해할 수 있도록 이끌어 주려는 시도이다.

우리 인간은 원래 깨어 있는 존재로 현실을 이해할 수 있다. 삶에 묶여 있는 존재가 아니다. 우리는 자유롭다. 여기서 자유롭다는 것은 우리가 육체와 정신을 지니고 있으며, 품위가 있으면서도 유머러스한 방식으로 현실을 대할 수 있게끔 우리 자신을 계발할 수 있다는 뜻이다. 일단 변화가 시작되면 계절과 눈송이, 얼음과 진흙 등을 포함하는 모든 우주가 우리와 함께 한다는 사실을 깨닫는다. 삶은 유머러스한 것이지만 우리를 조롱하지는 않는다. 결국 우리는 세상을 다룰 수 있으며 우주를 긍정적인 방식으로 올바르고 완전하게 다룰 수 있음을 깨닫게 된다.

본연의 선을 발견한다는 것은 특별한 종교적 체험은 아니다. 오히려 우리가 살고 있는 세상, 즉 현실을 직접 체험하고 함께 할 수 있다는 깨달음이다. 우리 삶 속에 내재해 있는 선을 체험함으로써 우리는 이성적이고 존귀한 존재이며 세상은 위협이 아님을 깨닫게 된다. 자신의 삶이 진실하고 선한 것이라 느낄 때 우리는 자신도 남도 기만할 필요가 없다. 죄책감을 느끼지 않고서 자신의 결점을 바라볼 수 있고, 이와 동시에 선을 타인들에게로 확대할 수 있는 잠재력을 이해하게 된다. 진실을 곧바로 식별하고 숨기는 법도 없고 흔들리지도 않는다.

전사 즉 인간의 용기의 본질은 포기하지 않는 것이다. '나도, 다른 사람들도, 이 세상도 다 끝장이라'고 해서는 안 된다. 일생동안 세상에는 심각한 문제들이 존재하겠지만 우리가 살아 있는 동안에는 아무런 재앙도 닥치지 않을 것이다. 우리가 재앙을 막을 수 있다. 모든 것이 우리에게 달려 있다. 우리가 먼저 세상을 파멸로부터 구해낼 수 있다. 이것이 바로 샴발라의 비전이 존재하는 이유이다. 이는 수 천 년 동안

내려온 사상으로 세상에 봉사함으로써 세상을 구할 수 있다. 하지만 세상을 구하는 것만으로는 충분하지가 않다. 깨달음의 사회를 실현할 수 있도록 노력해야 한다.

이 책에서는 깨달음의 사회가 어떤 것이라는 이상주의적 환상을 제시하는 것이 아니라 깨달음의 사회의 기초와 이를 향해 나아가는 방법을 논의하게 될 것이다. 세상을 돕고자 한다면 개개인이 직접 여행을 떠나야 한다. 우리의 최종 목표지에 대한 추측이나 이론만으로는 안 된다. 따라서 깨달음의 사회가 뜻하는 바가 무엇이며 어떻게 이를 실현할 수 있는가를 파악하는 것은 우리 개개인의 손에 달려 있다. 샴발라 전사의 길을 보여주는 이 책이 이를 발견하는데 시작이 되어주기를 바란다.

02

● 본질적인 선을 찾아서 ●

그 자리에 온전히 있을 수 있는 것만으로도 우리의 삶은 달라질 수 있으며 심지어는 놀라운 것으로 변할 수도 있다. 우리도 옥좌에 앉아 있는 왕이나 왕비처럼 앉아 있을 수 있다는 사실을 깨닫게 된다. 여기서 볼 수 있는 기품은 고요함과 단순함에서 비롯되는 것이다.

세상에 존재하는 혼돈의 상당 부분은 사람들이 자신을 인정하지 않기 때문에 생긴다. 자기 자신에 대한 연민이나 사랑을 한 번도 가져보지 못했기 때문에 스스로를 인정하고 수용할 수가 없는 것이다. 따라서 남들과의 관계도 혼란하고 원만하지 못하다. 삶을 소중히 여기지 않고 자신의 존재를 당연시하거나 비참하고 부담스러운 것으로 본다. 소유하고자 하는 것들을 가지지 못하기 때문에 자살을 하겠다고 위협을 한다. 특정한 것이 변하지 않으면 스스로 목숨을 끊겠다고 하면서 자살을 빌미로 남들을 협박한다. 삶을 진지하게 받아들이는 것은 당연하지만 그렇다고 해서 자신의 문제에 대해 불평하거나 세상에 대한 원한을 품는 등 자신을 불행으로 몰고 가야하는 것은 아니다. 자신의 삶을 향상하는 것이 개개인의 책임이라는 것을 받아들여야 한다.

자신을 응징하거나 비난하지 않고, 좀 더 긴장을 풀고 자신의 몸과 마음을 제대로 이해하게 되면 우리 내면에 존재하는 본질적인 선이라고 하는 원초적인 개념에 접근하게 된다. 따라서 자신을 향해 마음을 여는 것이 아주 중요하다. 자신에 대한 애정을 일깨워줌으로서 자신의 문제는 물론 자신의 잠재능력까지도 정확하게 볼 수 있게 된다. 자신의 문제를 무시하거나 잠재능력을 과장할 필요를 느끼지 않는다. 이러한 자신에 대한 애정과 인정은 반드시 필요하다. 이것이 자신은 물론 남을 도울 수 있는 토대가 된다.

　인간은 자신의 삶을 향상시키고 행복해질 수 있게 해주는 실용적인 기반을 갖추고 있다. 우리는 이런 실용적인 기반을 언제든지 활용할 수 있다. 우리의 몸과 마음은 아주 소중한 것이다. 몸과 마음을 지니고 있기 때문에 우리는 이 세상을 이해할 수 있다. 삶이라고 하는 것은 경이롭고도 소중한 것이다. 우리가 얼마나 오래 살 것인지는 아무도 모른다. 그러니 살아있는 동안 삶을 활용해야 한다. 삶을 활용하기에 앞서 먼저 삶을 이해해야 한다.

　삶에 대한 이해는 어떻게 구할 수 있을까? 삶에 대한 낙관적인 생각이나 삶에 대해 이야기하는 것만으로는 아무런 도움이 되지 않는다. 샴발라 전통에 따르면 자신에 대한 애정과 세상의 소중함을 깨닫게 해주는 방법이 바로 앉아서 하는 명상수행이다. 명상수행은 2,500년 전 부처님께서 가르친 것으로 그 이후 샴발라 전통의 한 부분으로 자리 잡았다. 이 수행법은 구전전통에 기반을 둔 것으로 부처님의 생존 당시부터 입에서 입을 통해 전해 내려왔다. 이렇게 해서 명상수행은 살아 있는 전통이며 비록 오래된 수행법이기는 하지만 결코 시대에 뒤떨어지지 않는다. 2장에서 명상 기법에 대해 어느 정도 상세히 다루기는 하겠지만 이 수행법을 제대로 이해하기 위해서는 직접적이고 개별적인 체험이 필요하다는 것을 잊어서는 안 된다.

여기서 명상이라고 하는 것은 어떤 특정 문화에 구애되지 않는 아주 기본적이고도 단순한 것을 뜻한다. 아주 단순한 행위, 즉 올바른 자세로 바닥에 앉아서 지금 이 순간, 이 자리에 대한 인식을 확장하는 것이다. 이것이 바로 선입견 없이 자기 자신과 내면의 본질적인 선을 재발견하고, 실상을 제대로 이해하는 방법이다.

명상이란 단어는 때로 어떤 특정한 주제나 물체를 가지고 관찰하는 것을 뜻하기도 한다. 특정한 문제나 질문에 대해 명상함으로써 이에 대한 해결책을 찾을 수 있다. 명상은 또 무아지경이나 일종의 몰입 상태에 들어감으로써 고도의 정신 상태에 이르는 것과도 관련이 있다. 하지만 여기서는 전혀 다른 개념의 명상, 즉 어떤 물체나 생각을 염두에 두고 하는 것이 아닌, 무조건적인 명상에 대해 이야기하고 있다. 샴발라 전통에서 명상은 몸과 마음을 조절할 수 있도록 자신을 훈련하는 것이다. 명상 수행을 통해서 진실하고 참된 삶을 사는 법을 배우게 된다.

인간의 삶은 끊임없는 여행이다. 한없이 펼쳐지는 넓은 고속도로와도 같다. 명상수행은 이 도로를 여행할 수 있는 차를 제공해 준다. 이 여행은 수많은 기복과 희망과 두려움으로 이루어져 있긴 하지만 해볼 만한 여행이다. 명상 수행은 이 여행의 모든 것, 즉 도로의 모든 굴곡을 체험할 수 있게 해준다. 수행을 통해서 인간의 내면에는 사물이나 인간에 대한 원초적인 불만이 존재하지 않는다는 것을 깨닫게 된다.

명상 수행은 바닥에 책상다리를 하고 앉는 것으로 시작된다. 그 자리에 온전히 있을 수 있는 것만으로도 우리의 삶은 변화하고 심지어는 놀라운 것으로 변할 수도 있다. 우리도 옥좌에 앉아 있는 왕이나 왕비처럼 앉아 있을 수 있다는 사실을 깨닫게 된다. 여기서 볼 수 있는 기품은 고요함과 단순함에서 비롯되는 것이다.

명상 수행에서 올바른 자세는 대단히 중요하다. 등을 똑바로 하는 것은 인위적인 자세가 아니다. 인체에게는 이것이 자연스러운 것이다. 등을 굽힌 자세는 부자연스러운 것이다. 등을 굽힌 자세로는 숨을 제대로 쉴 수가 없으며 이는 또한 노이로제에 걸리는 전조가 되기도 한다. 따라서 곧은 자세로 앉는 것은 자기 자신은 물론 세상을 향해 우리가 전사, 즉 온전한 인간이 될 것임을 선언하는 것이다.

등을 곧게 펴고 앉는다고 해서 어깨를 곧추 세우고 긴장해야 하는 것은 아니다. 곧은 자세는 바닥이나 방석 위에 당당하게 앉아있는 것만으로도 자연스럽게 얻어진다. 그리고 등을 곧게 펴게 되면 수줍음이나 당황함이 사라지고 따라서 고개를 수그리지 않게 된다. 어떤 것에도 뜻을 굽히지 않는다. 이렇게 함으로써 어깨는 자동적으로 곧게 펴지고 머리와 어깨에 대한 감각이 발달하게 된다. 그리고 나면 가부좌를 한 자세로 다리를 자연스럽게 유지할 수 있게 된다. 무릎이 바닥에 닿지 않아도 괜찮다. 손바닥을 아래로 향해 허벅지에 가볍게 올려놓는 것으로 자세를 마무리 짓는다. 이것이 자세를 제대로 취하는데 도

움이 된다.

이 자세에서 아무렇게나 주변을 응시하는 것이 아니다. 현재 이 자
리에 흐트러짐 없이 온전하게 앉아있음을 인식하고, 눈은 뜨고 있지만
시선은 약간 아래로 하여 정면 15센티미터 정도 되는 곳을 응시한다.
이렇게 하면 시선이 흐트러지지 않고 신중함과 명확함이 한결 더 강화
된다. 이런 기품 있는 자세는 동양의 조각상뿐만 아니라 이집트와 남
아메리카의 조각에서도 찾아 볼 수 있다. 이는 보편적인 자세로 어느
한 문화나 시대에 국한된 것이 아니다.

일상생활에서도 자세, 머리와 어깨, 걷는 법과 사람들을 바라보는

방식에 대해 유념할 필요가 있다. 명상을 하지 않을 때에도 기품 있는 자세를 유지할 수 있다. 수줍음을 극복하고 인간이라는 존재에 자긍심을 가지게 된다. 이런 자긍심은 정당하고 유익한 것이다.

한편 명상 수행을 할 때에는 올바른 자세로 앉아서 호흡에 정신을 집중한다. 호흡을 통해 우리는 그 곳에 전적으로 존재한다. 숨을 내쉰다. 날숨이 끝나면 자연스럽게 들숨이 일어난다. 그리고는 또 숨을 내쉰다. 이처럼 계속해서 숨을 내쉰다. 날숨과 함께 우리도 사라진다. 그러면 들숨이 자연스럽게 일어난다. 들숨을 따라가는 것이 아니다. 제 자세로 돌아가기만 하면 다시 숨을 내쉴 준비가 되어있다. 숨을 내쉬면서 나도 사라진다. 휴-우. 그리고는 다시 자세로 돌아온다. 휴-우. 다시 제 자세로 돌아온다.

여기서 생각이 일어나는 것은 피할 수가 없다. 이 때 '생각'이라고 말한다. 큰 소리로 말할 필요는 없다. 마음속으로 '생각'이라고 말한다. 생각에 이름을 부여함으로써 호흡으로 되돌아가는데 큰 도움이 된다. 생각 때문에 수행 중에 마음이 산만해지면 ― 방석 위에 앉아 있다는 사실조차 잊어버리고 마음이 샌프란시스코나 뉴욕에 가 있을 때 ― '생각'이라고 말하고는 다시 호흡으로 마음을 되돌린다.

어떤 생각이 떠오르느냐는 중요하지 않다. 명상 수행에 있어서는 나쁜 생각이든 좋은 생각이든 모두 다 '생각'으로 간주할 뿐이다. 생각이란 좋은 것도 나쁜 것도 아니다. 아버지를 살해하는 생각을 할 수도 있고 레모네이드를 만들고 과자를 먹고 싶다는 생각을 할 수도 있다. 생각 때문에 놀랄 필요는 없다. 생각은 그저 생각일 뿐이다. 어떤 생각도 칭찬이나 꾸중을 필요로 하지 않는다. 생각을 '생각'이라고 부르고는 호흡으로 되돌아간다. '생각'에서 호흡으로. '생각'에서 다시 호흡으로.

명상 수행은 아주 엄밀한 것이다. 정확하게 해야 한다. 상당히 고된 일이기는 하지만 자세의 중요함을 잊지 않는다면 몸과 마음을 하나로 일치시킬 수 있다. 올바른 자세를 갖추지 않으면 수행은 다리가 성치 않은 말이 수레를 끌려고 애쓰는 꼴이 된다. 이래서는 아무런 도움이 되지 않는다. 그러므로 먼저 자리에 앉아서 자세를 바로 잡고 호흡에 들어간다. 휴-우. 숨을 내쉬고 다시 자세로 돌아간다; 휴-우, 자세로 돌아가기; 휴-우. 생각이 일어나면 '생각'이라 이름하고는 자세로 돌아가서 다시 호흡을 시작한다. 호흡과 함께 하는 것은 마음이지만 항상 몸을 평가 기준으로 유지해야 한다. 마음만으로 수행하는 것이 아니다. 몸과 마음이 동시에 작용하고 있으며 이 두 가지가 함께 할 때 그 자리에 온전하게 존재할 수 있다.

이상적인 평정상태는 몸과 마음이 하나가 되는 체험에서 비롯된다. 몸과 마음이 일체가 되지 않으면 몸은 구부정해지고 마음은 엉뚱한 곳에 가 있게 된다. 이는 마치 아무렇게 만들어진 북과도 같다. 가죽이 북틀에 제대로 맞지 않아서 북틀이 깨지거나 가죽이 찢어지게 되고 가죽의 팽팽함이 일정하게 유지되지 않는다. 몸과 마음이 일체가 되면 올바른 자세로 인해 호흡은 자연스럽게 이루어진다. 호흡과 자세가 함께 하기 때문에 마음은 재점검할 수 있는 평가 기준을 가지게 된다. 따라서 마음은 호흡과 함께 자연스럽게 움직인다.

몸과 마음을 일체가 되게 하는 이 수행법은 우리가 특별한 존재가 아니라 범상한, 너무나 범상한 존재임을 이해하고 순수한 존재가 될 수 있게끔 해주는 훈련이다. 전사처럼 앉아있는 것만으로도 품위가 배어 나온다. 우리는 대지 위에 앉아있으며 이 대지는 우리를 기꺼이 받아들이고 우리도 대지를 환영한다. 우리는 온전하게, 하나의 인간으로서, 순수하게 그 자리에 존재한다. 따라서 샴발라 전통의 명상 수행은 진실하고 참되며 자신에게 충실하도록 사람들을 가르친다.

어떻게 보면 우리는 책임을 지고 있는 존재들이다. 이 세상의 사람들을 도와야 할 책임이 있다. 사람들을 향한 이 책임을 망각해서는 안 된다. 하지만 이 책임을 기쁨으로 받아들인다면 우리가 이 세상을 자유롭게 만들 수 있다. 시작은 우리 자신들로부터 비롯된다. 자신을 열린 마음으로 받아들이고 자신에게 정직할 수 있으면 남들에게 마음을 여는 법도 배울 수 있다. 그래서 우리 내면에서 발견한 선을 바탕으로 우리는 세상 사람들과 함께 일할 수 있다. 따라서 명상 수행은 세상의 갈등을 극복할 수 있는 뛰어난 방법이라 할 수 있다.

03

● 진정한 슬픔 ●

고요히 앉아서 날숨과 함께 호흡을 관하는 수행을 통해 우리는 마음
과 하나가 된다. 있는 그대로의 자신을 받아들임으로써 자신을 향한
참된 애정을 일깨운다.

맨 엉덩이를 땅에 대고 알몸으로 앉아 있는 모습을 상상해 보라. 스
카프도 모자도 쓰고 있지 않으니 머리 위 하늘을 가리는 것도 없다.
우리는 하늘과 대지 사이에 있다. 아무 것도 걸치지 않고 하늘과 땅
을 사이에 두고 앉아 있는 인간.

대지는 언제나 대지이다. 누구나 대지 위에 앉을 수 있고 대지는 결
코 무너지는 법이 없다. 우리는 언제나 땅에 발을 붙이고 있다. 지구로
부터 떨어져 나가 우주 공간을 떠돌게 될 염려도 없다. 마찬가지로 하
늘은 언제나 하늘이다. 하늘은 언제나 우리 머리 위에 하늘로 존재한
다. 눈이 오든지 비가 오든지 햇살이 비치든지, 낮이든지 밤이든지, 하
늘은 항상 그곳에 존재한다. 그래서 우리는 하늘과 대지를 신뢰할 수
있다.

본질적인 선의 논리도 이와 매우 유사하다. 본질적인 선에 대해 애

기한다고 해서 선에 대한 헌신과 악을 배척하는 것에 대해 얘기하는 것이 아니다. 본질적인 선은 무조건적이고 본질적이기 때문에 선한 것이다. 하늘과 땅이 그 곳에 존재하듯이 선도 이미 그 곳에 존재한다. 우리는 환경을 거부하지 않는다. 태양과 달, 구름과 하늘을 거부하지 않는다. 우리는 이들을 받아들인다. 푸른 하늘을 수용하고 경치와 바다를 수용한다. 고속도로와 빌딩과 도시들을 수용한다. 본질적인 선은 이처럼 원초적이고 무조건적이다. 햇빛이 좋고 나쁜 것을 가리지 않듯이 이 또한 찬반을 가리는 견해가 아니다.

세상의 자연법칙과 질서는 찬반을 가리지 않는다. 본질적으로는 아무 것도 우리의 견해를 조장하거나 위협하지 않는다. 사계절은 누가 요구하거나 투표하지 않아도 스스로 찾아온다. 희망과 두려움도 계절을 바꾸지는 못한다. 밤과 낮이 존재한다. 밤에는 어둠이 있고 낮에는 빛이 있다. 아무도 스위치를 올리거나 내릴 필요가 없다. 우리의 생존을 가능케 해주는 자연의 법칙과 질서가 있는데 이들이 존재하며 효과적으로 작용하고 있다는 점에서 이는 본질적으로 선한 것이다.

우리는 이런 자연의 법칙과 질서를 당연시하는 경우가 많은데 이는 재고해 볼 필요가 있다. 우리가 지니고 있는 것에 감사해야 하다. 이들이 없다면 우리는 엄청난 곤경에 처하게 될 것이다. 햇빛이 없다면 식물이 자랄 수가 없고, 곡식도 없을 것이고, 요리를 할 수도 없을 것이다. 이렇게 본질적인 선은 너무나 본질적이고 근본적이기 때문에 선한 것이다. 본질적인 선은 악에 맞서는 것이라기보다는 자연스럽고 효과적으로 작용하기 때문에 선하다는 것이다.

동일한 원리가 인간성에도 적용된다. 우리는 정열적이고 호전적이며 무지하다. 다시 말해, 우리는 우정을 키워 나가며 적을 물리치고 때로는 무관심하기도 하다는 뜻이다. 이런 성향들을 단점으로 간주하지 않는다. 이들은 인간의 자연스런 모습이자 능력이다. 인간은 공격으로부터 자신을 방어하기 위해 손톱과 이빨을 갖추고 있고 상대방과의 관계를 맺을 수 있도록 입과 성기를 지니고 있으며 다행스럽게도 섭취한 것을 처리하고 이를 배출해내는 소화, 호흡기를 갖추고 있다. 인간이란 존재는 자연스러운 현상이며 세상의 법칙과 질서처럼 효율적으로 기능한다. 실로 인간은 놀랍고도 이상적인 존재이다.

이 세상이 신의 창조물이라 말하는 이들도 있지만 샴발라의 가르침은 종교적 기원에는 관심을 두지 않는다. 전사의 목적은 있는 그대로의 현상을 직접 다루는 것이다. 샴발라의 관점에서 인간이 근본적으로 선하다고 하는 것은 인간이 필요로 하는 모든 기능을 갖추고 있어서 세상과 투쟁할 필요가 없다는 의미이다. 인간이란 존재가 공격성이나 불만의 원천이 아니기 때문에 선하다는 것이다. 눈, 귀, 코, 입을 지니고 있다고 불평할 수는 없다. 인간의 생리학적 조직을 다시 설계할 수는 없는 일이며 마찬가지로 인간의 마음상태도 재조정할 수 없다. 본질적인 선이란 우리가 지니고 있는 것으로 인간에게 주어진 것이다. 출생과 함께 우리가 물려받은 자연스런 현상인 것이다.

이 세상에 존재한다는 것이 얼마나 귀한 것인가를 이해해야 한다. 붉은 색, 노란 색, 푸른색, 녹색, 자주색, 검은 색들을 볼 수 있다는 것은 경이로운 것이다! 우리는 이 모든 색들을 가지고 있다. 뜨겁고 찬 것을 느끼고 신맛과 단맛도 느낄 수 있다. 우리는 이런 감각들은 지니고 있고 이들을 즐길 자격이 있다. 이들은 좋은 것이다.

따라서 본질적인 선을 이해하는 첫 번째 단계는 우리가 가지고 있는 것에 대해 감사하는 것이다. 그 다음에는 이런 본질적인 선을 우리의 것으로 만들 수 있도록 인간으로서 자신의 존재에 대해 더 깊이, 더 세심하게 살펴보아야 한다. 본질적인 선을 소유물이라고는 할 수 없지만 그래도 우리는 이를 소유할 자격이 있다.

본질적인 선은 불교의 보디치타bodhicitta 사상과 깊은 연관이 있다. 보디bodhi는 '깨달은', '깨어 있는'이라는 의미이고 치타citta는 '마음'을 뜻하므로 보디치타는 '깨어 있는 마음보리심'이다. 이와 같은 보리심은 자신의 마음을 직면하고자 하는 의지로부터 비롯된다. 이는 대단한 요구이기는 하지만 반드시 필요한 것이다. 스스로를 점검하고 진정으로 자신의 마음과 하나가 되려는 노력을 얼마나 했는지 자문해 보라. 자기 자신에 관해 부정적인 면을 발견하게 될까봐 두려워서 외면해버린 적이 얼마나 많은가? 당혹감을 느끼지 않고 거울 속에 비친 자신의 얼굴을 기꺼이 바라본 적이 있는가? 신문을 읽거나, 텔레비전을 보거나 아니면 그냥 멍하니 있는 것으로 자신을 숨기려고 한 적이 얼마나 많은가? 일생동안 자기 자신과 참으로 하나가 되어 본 적이 과연 있는가? 이들은 아주 소중한 질문이다

앞에서 살펴보았듯이 명상수행은 본질적인 선을 재발견하고 더 나아가 내면의 참된 마음을 일깨우는 방법이다. 명상을 위해 좌정坐定할 때 우리는 바로 앞서 언급한 하늘과 대지를 사이에 두고 앉아 있는 맨

몸의 인간이다. 구부정한 자세는 마음을 숨기려는, 등을 굽힘으로써 마음을 방어하려는 시도이다. 하지만 등을 바로 하고 앉아 긴장을 푼 채 명상 자세를 취하면 마음은 그대로 드러난다. 자신의 존재가 모두 먼저 자신에게 드러나고 다른 사람들에게도 노출된다. 따라서 고요히 앉아서 내쉬고 사라지는 호흡을 관찰하는 수행을 통해 우리는 마음과 하나가 된다. 있는 그대로의 자신을 받아들임으로써 자신을 향한 참된 애정을 일깨운다.

이렇게 마음을 일깨우게 되면, 놀랍게도, 마음이 비어있음을 발견하게 된다. 우주와 같은 공간을 바라보고 있는 자신을 발견하게 된다. 나는 무엇이며, 누구이며, 내 마음은 어디에 있는가? 자세히 살펴보면 아무 것도 존재하지 않는다는 것을 발견하게 될 것이다. 물론 누군가에게 원한을 품고 있거나 사랑에 빠져서 소유욕에 휘말려 있다면 응어리를 발견할 수도 있다. 하지만 그것은 깨어 있는 마음이 아니다. 깨어 있는 마음을 찾아 갈비뼈 속으로 손을 넣어 더듬어 찾아보면 부드러움만이 있을 뿐이다. 쓰라림과 부드러움을 느낄 수 있다. 그리고 세상을 향해 눈을 떠보면 엄청난 슬픔을 느끼게 될 것이다. 이런 슬픔은 학대받는 것에서 비롯되는 슬픔이 아니다. 내가 남들로부터 모욕을 당했다거나 가난에 시달리고 있다고 해서 느끼는 슬픔이 아니다. 오히려 이런 슬픔의 경험은 무조건적인 것이다. 이는 우리의 마음이 완전히 노출되어 있기 때문이다. 마음을 가려주는 피부도 조직도 없다. 생살이 그대로 드러나 있는 것이다. 조그만 모기가 앉기만 해도 엄청난 고통을 느낀다. 체험은 쓰라리고 예민하고 아주 개인적인 것이 된다.

진정한 슬픔은 존재하지 않는 마음이 가득 차있다는 느낌에서 비롯된다. 이런 가득한 마음을 사람들에게 나누어주고자 한다. 전사의 용기는 바로 이런 슬픔에 찬 마음, 예민한 마음을 경험하는데서 비롯된다. 보통 용기가 있다고 하면 두려움이 없다거나 누가 나를 때리면 나도 상대방을 맞받아치는 것을 의미한다. 하지만 우리는 길거리에서 싸움이나 하는 이들의 용기를 얘기하는 것이 아니다. 참된 용기는 예민함에서 비롯된다. 용기는 예민하고 아름다운 우리의 마음을 세상을 향해 열 때 생기는 것이다. 저항하거나 수줍어하지 않고 마음을 열어 세상을 직면하고자 한다. 우리의 마음을 사람들과 함께 나누고자 한다.

04

● 두려움과 용기 ●

> 두려움을 인정하는 것이 우울증이나 실망을 가져다주는 것은 아니다. 이런 두려움을 지니고 있기 때문에 용기를 체험할 수 있는 가능성이 있는 것이다. 참된 용기는 두려움의 감소가 아니라 두려움을 넘어서는 것이다.

용기를 체험하기 위해서는 두려움을 겪어볼 필요가 있다. 비겁함의 본질은 두려움의 실재를 인정하지 않는 것이다. 두려움은 다양한 모습을 지니고 있다. 논리적으로 인간은 영원히 살지 못한다는 것을 잘 안다. 우리는 언젠가 죽을 것임을 알고 있고 그래서 두려워한다. 죽음을 몹시 두려워한다. 다른 한편으로 우리는 세상의 요구에 대처하지 못할까봐 두려워한다. 이런 두려움은 무능하다는 느낌으로 표출된다. 자신의 삶에 압도되어서 세상에 대처한다는 것은 더 한층 힘든 일이라 느낀다. 여기에다 예상하지 못했던 새로운 상황에 접하게 되면 갑자기 두려움, 공포가 엄습하게 된다. 이런 상황에 대처할 수 없다는 생각이 들게 되면 당황하게 된다. 두려움은 종이에다 낙서를 하거나, 손가락을 꼼지락거리거나, 의자에 가만히 앉아있지 못하고 몸을 들썩거리는 등의 불안감으로 나타나기도 한다. 자동차의 엔진처럼 몸을 움직이지 않고는 견딜 수가 없다. 피스톤이 계속해서 상하로 움직인다. 피스톤이 계속 움직이고 있는 동안에는 마음이 놓이지만 그렇지 않으면 당장 죽기라도 할 것처럼 두려워한다.

마음으로부터 두려움을 떨치는 방법은 수도 없이 많다. 안정제를 복용하는 사람들이 있는가 하면 텔레비전을 보고 잡지를 읽거나 술집에 가서 맥주를 마시는 이들도 있다. 겁쟁이의 관점에서 보면 무료함은 절대적으로 피해야 하는 것이다. 무료하다고 느끼면 불안해지기 때문이다. 두려움에 좀 더 가까이 다가가고 있는 것이다. 오락은 적극적으로 권장하고 죽음에 대한 생각은 절대 금한다. 이렇게 겁쟁이는 죽음이 존재하지 않는 양 살려고 한다. 역사상에는 많은 사람들이 불로장생의 영약을 추구했던 때가 있었다. 만약 그런 영약이 존재한다면, 이를 끔찍한 것으로 여길 사람들이 적지 않을 것이다. 만약 죽지 않고 이 세상에서 천년을 산다고 해도 천 번째 생일을 맞이하기 오래 전에 이미 스스로 목숨을 끊을 것이다. 영원히 살 수 있다고 하더라도 죽음과 고통이라는 주변의 현실을 피할 수는 없다.

두려움을 인정해야 한다. 두려움을 분명히 이해하고 이를 받아들여야 한다. 우리의 거동, 말, 행위, 손톱을 물어뜯고 쓸데없이 손을 주머니에 집어넣는 것들을 살펴볼 필요가 있다. 그러면 두려움이 불안함으로 표출되는 것을 발견하게 될 것이다. 두려움이 우리의 일상 속에 언제나 숨어 있다는 사실을 받아들여야 한다.

그렇지만 두려움을 인정하는 것이 우울증이나 실망을 가져다주는 것은 아니다. 이런 두려움을 지니고 있기 때문에 용기를 체험할 수 있는 가능성이 있는 것이다. 참된 용기는 두려움의 감소가 아니라 두려움을 넘어서는 것이다. 불행하게도 영어에는 이를 뜻하는 단어가 하나도 존재하지 않는다. 용감하다fearlessness는 것이 이에 가장 가까운 단어인데 이는 우리가 말하는 '두려움의 초월beyond fear'이 아니라 '두려움이 적음less fear'을 뜻하는 단어일 뿐이다.

두려움의 초월은 우리의 두려움, 즉 근심, 초조, 걱정, 불안 등을 살펴보는데서 시작된다. 껍질을 들어내고 두려움을 살펴보면 제일 먼저 불안 밑에 존재하는 슬픔을 발견하게 된다. 불안은 언제나 동요와 함께 시작된다. 마음의 긴장을 풀고 두려움을 바라보면 조용하고도 부드러운 슬픔을 발견하게 된다. 슬픔이 마음에 와 닿으면 눈물이 솟구친다. 울기 전에 먼저 마음으로 이를 느끼게 되고 그리고 눈에 눈물이 고이게 된다. 눈물이 금방 폭포처럼 쏟아질 것 같고, 슬픔, 외로움과 함께 낭만적인 감정을 동시에 느낄 수도 있다. 이것이 바로 용기의 시초이며 참된 전사의 전조이다. 용기를 체험한다고 하면 베토벤의 운명 교향곡의 서곡이 울리거나 하늘이 갑자기 열리는 광경을 생각할 수도 있지만 실제로는 그렇지 않다. 샴발라의 전통에서 용기는 우리 마음의 부드러움을 불러일으킴으로써 비롯된다.

전사의 탄생은 사슴의 뿔이 처음으로 돋아나는 것과도 같다. 처음에 뿔은 아주 부드럽고 고무처럼 탄력이 있고 짧은 털이 나 있다. 이래서는 아직 뿔이라고는 할 수가 없다. 안에 피가 돌고 있는, 자라고 있는 덩어리일 뿐이다. 그런데 사슴이 성장하면서 뿔은 점 점 단단해지고 네 개, 다섯 개 심지어는 사십여 개의 가지를 지닌 뿔로 자라게 된다. 용기도 처음에는 탄성이 있는 뿔과 마찬가지이다. 뿔처럼 보이기는 하지만 아직은 싸우는데 큰 도움이 되지 않는다. 뿔이 막 자라기 시작한 사슴은 뿔을 어디에 사용하는지를 알지 못한다. 머리 위에서 자라고 있는 이런 부드러운 덩어리가 무척 부자연스럽게 느껴질 것이다. 하지만 사슴은 뿔이 당연한 것, 즉 자연스런 몸의 일부임을 서서히 깨닫게 된다. 마찬가지로 우리 인간도 전사의 예민한 마음이 처음으로 일어날 때는 무척 어색하게 느껴지거나 이런 종류의 용기를 어떻게 받아들여야 할지 확신이 서지 않을 수도 있다. 하지만 이런 슬픔을 체험하면 할수록 인간이란 예민하고도 열린 존재임을 깨닫게 된다. 따라서 이제는 더 이상 민감하다는 것을 부끄러워하거나 당황해할 필요가 없다. 실제로 열정은 예민함에서 비롯된다. 우리는 남들을 향해 마음을 열고 이들과 대화하고자 할 것이다.

예민함이 이런 방향으로 발전하게 되면 우리 주변의 세상을 올바로 인식할 수 있게 된다. 감각기능은 아주 예민해진다. 이미 마음은 예민하고 활짝 열려 있어서 주변에서 일어나고 있는 것들을 전적으로 받아들인다. 빨간 색, 녹색, 노란 색, 검은 색들을 보고도 아주 민감하게 반응한다. 울거나 웃거나 두려움에 떨고 있는 이들을 만나게 되어도 마찬가지이다. 이렇게 되면 용기라고 하는 작은 싹은 한 걸음 더 나아가 전사로 발전하게 된다. 부드럽고 온화한 인간이란 존재를 자연스럽게 받아들이기 시작하게 되면 우리가 지니고 있는 사슴뿔은 이제 잔털이 나 있는 뿔이 아니다. 진짜 뿔이 되어가고 있는 것이다. 상황은 부정할 수 없는 것이지만 한편으로는 아주 평범한 것이기도 하다. 자연히 두려움은 아주 쉽게, 바로 용기로 변해간다.

이상적인 전사는 슬픔과 예민함을 지니고 있어서 그 때문에 아주 용감해질 수가 있다. 가슴에서 우러나는 슬픔이 없다면 용기는 도자기처럼 쉽게 부서진다. 떨어뜨리면 깨지거나 이가 빠지게 될 것이다. 하지만 전사의 용기는 여러 겹 옻칠이 되어있는 나무 받침이 달린 칠기와 같아서 떨어지더라도 깨지지 않고 튀어 오를 것이다. 용기는 부드러우면서도 동시에 강인한 것이다.

05

● 몸과 마음의 일치 ●

> 몸과 마음의 일치는 자아개발을 위해 누군가가 고안해 낸 임의적인
> 기법이나 개념이 아니다. 이는 오히려 인간으로서의 기본 원리이며
> 감각과 몸과 마음을 동시에 활용하는 본질적인 원리이다.

본질적인 선의 발현은 항상 부드러움과 연계되어 있다. 미약하거나 미적지근하거나 달콤하기만 한 부드러움이 아니라 지혜와 확신을 갖춘 기운이 넘치는 부드러움이다. 이런 의미에서 부드러움은 의혹의 부재, 즉 확신을 경험함으로써 비롯된다. 의혹이 없는 상태는 어떤 철학이나 사상의 타당성을 수용하는 것과는 전혀 다른 것이다. 자신의 믿음을 확신하게 될 때까지 남들의 전도를 받아들이고 따라야하는 것은 아니다. 복음 전도사가 되어 믿음을 위해서는 희생도 마다하지 않는 확신에 찬 사람들에 대해 이야기하고 있는 것도 아니다. 의심의 부재란 자신을 신뢰하고 마음을 신뢰하는 것이다. 의심하지 않는다는 것은 자기 자신과의 일치, 몸과 마음의 일치를 경험하게 됨을 뜻한다. 몸과 마음이 일치하면 의혹은 사라지게 된다.

몸과 마음의 일치는 자아개발을 위해 누군가가 고안해 낸 임의적

인 기법이나 개념이 아니다. 이는 오히려 인간으로서의 기본 원리이며 감각과 몸과 마음을 동시에 활용하는 본질적인 원리이다. 우리의 몸은 카메라와 유사하다고 볼 수 있는데 마음은 카메라 안에 들어있는 필름과도 같다. 문제는 이들을 어떻게 사용하느냐는 것이다. 카메라에 들어 있는 필름의 속도에 따라 렌즈의 구경口徑과 카메라의 셔터 속도가 제대로 맞추어져 있을 때 정확하고 좋은 사진을 찍을 수가 있는데 이는 카메라와 필름이 제대로 맞추어졌기 때문이다. 마찬가지로 몸과 마음이 일치하게 되면 명확한 인식이 가능해지고, 부적절한 행위의 원인이 되는 불안이라고 하는 동요와 어리석음을 벗어나 확신을 가지게 된다.

몸과 마음이 일치하지 않으면 마음은 짧은데 몸이 길다거나 마음은 긴데 몸이 짧은 수가 있다. 이렇게 되면 물 컵을 집어 들지도 못한다. 때로는 너무 멀리 손을 내밀기도 하고 때로는 손을 충분히 멀리 뻗지 못해서 물 컵을 집어들 수가 없다. 몸과 마음이 일치하지 않을 때 활을 쏘게 되면 과녁을 맞힐 수가 없다. 붓글씨를 쓸 때도 글씨 쓰기는 고사하고 붓에 먹물을 칠할 수도 없다.

몸과 마음의 일치는 세상과 동조하거나 관계를 맺는 방법, 세상에 대처하는 방식과도 연관이 있다. 이 과정에는 '보기looking'와 '심오한 보기seeing'라고 하는 두 가지 단계가 있다. 이 동조과정을 '듣기listening'와 '심오한 듣기hearing' 또는 '접촉touching'과 '느낌feeling'을 통해 이야기할 수도 있지만 시각을 통해 설명하는 것이 좀 더 용이하다. 먼저 눈을 통해 보게looking 되는데, 조금이라도 의혹이 생기면 본

것을 확신하지 못한다. 보면서도 자신의 눈을 믿지 못하기 때문에 마음이 초조해지고 동요를 느낀다. 그래서 눈을 감아버리고 싶을 때도 있다. 더 이상 보고 싶지 않다. 하지만 중요한 것은 제대로 보는 것이다. 색들을 보라. 흰 색, 검은 색, 푸른 색, 노란색, 빨간 색, 녹색, 보라색. 이것이 바로 우리 세상이다. 보지 않을 수가 없다. 다른 세상은 존재하지 않는다. 이것이 우리 세상이다. 이것이 우리의 향연이다. 우리가 물려받은 유산이다. 눈을 물려받았고, 이 색들의 세상을 물려받았다. 장엄한 세상을 보라! 보라! 주저하지 말고 보라! 눈을 뜨고, 깜박이지 말고 보라 ─ 더 멀리 보라.

그러면 뭔가를 참으로 볼 수 있게seeing 되는데 이것이 두 번째 단계이다. 보면 볼수록 더 알고 싶어지고 더 많은 것을 볼 수 있게 된다. 우리가 진지하고, 부드럽고, 잃을 것도, 대항해서 싸울 것도 없기 때문에 보는 과정에는 아무런 제약이 없다. 더 많은 것들을 보고 더 멀리 볼 수 있게 되고 그러면 그만큼 아름다움을 더 볼 수 있게 된다. 실제로 붉은 색의 온기와 푸른색의 차가움, 노란색의 풍부함과 녹색의 선명한 특성을 한꺼번에 느낄 수 있다. 주변의 세상을 감사하는 마음으로 받아들인다. 놀라운 세상을 새로이 발견하게 된다. 온 세상을 살펴보고 싶어진다.

세상에 대한 인식은 언어를 수반하지 않을 때도 있다. 언어 이전의 방식으로 자연스럽게 인식한다. 하지만 때로는 세상을 바라볼 때 먼저 어떤 단어를 떠올리고 인식하기도 한다. 다시 말해 처음의 경우는 세상을 직접적으로 느끼거나 인식하는 것이고 나중의 것은 말을 통해 세상을 인식하는 것이다. 따라서 최초의 인식은 언어를 떠나 세상을 보거나, 자신과의 대화, 즉 생각이란 필터를 통해 세상을 본다. 감정을 직접적으로 느낀다는 것이 어떤 것인지를 모르는 사람은 없을 것이다. 열정과 공격성, 질투와 같은 격렬한 감정은 언어가 필요치 않다. 처음에 솟구치는 이런 감정은 대단히 격렬한 것이어서 그 순간이 지나고 나서야 비로소 생각이 시작된다. '밉다'거나 '사랑한다'거나 '당신을 왜 이토록 사랑하나?'라는 생각을 한다. 마음속으로 작은 대화를 한다.

몸과 마음의 일치는 언어를 벗어나 직접 보고 있는 그대로를 받아들이는 것이다. 언어를 하찮게 여겨서가 아니라 내면의 대화가 잠재의식 속의 이야기가 되기 때문이다. 자신만의 독특한 시와 공상과 욕설을 만들고는 마음속으로 나와 나 자신과 애인과 스승과의 대화를 시작한다. 그 반면에 긴장을 풀고서 세상을 직접 바라볼 수 있을 때 우리의 시야는 넓어진다. 곧바로 있는 그대로를 볼 수 있게 된다. 눈이 더욱 더 크게 열리고 다채롭고 새롭고 면밀하기 그지없는 세상을 보게 된다. 날카로운 모서리조차도 모두 놀랍기만 하다.

이처럼 몸과 마음의 일치는 용기를 키우는 것과도 관계가 있다. 용기라고 해서 절벽에서 뛰어내린다거나 뜨거운 스토브에 손가락을 갖다대는 것을 의미하는 것은 아니다. 오히려 여기서 용기라고 하는 것은 현상 세계에 정확하게 대응할 수 있는 능력을 말한다. 이는 감각과 마음과 시각을 통해 현상 세계를 정확하게 직접적으로 대할 수 있음을 의미한다. 이런 두려움이 없는 시각은 자신에게도 반영된다. 자신을 바라보는 태도에 영향을 끼친다. 거울에 비친 자신의 모습을 보면 ― 머리, 이빨, 수염, 외투, 셔츠, 넥타이, 드레스, 진주 목걸이, 귀걸이 — 모든 것들이 있어야 할 자리에 있고, 자신도 있는 그대로 자신이 있어야 할 자리에 서 있음을 이해하게 된다. 나름의 방식으로 이 세상에 존재할 온전한 권리를 내가 지니고 있으며 세상은 본질적으로 나를 기꺼이 받아들인다는 사실을 깨닫게 된다. 이런 두 단계에 걸친 보기를 통해 이 세상에서의 자신의 존재를 기꺼이 받아들이게 된다.

이런 발견을 통해 위대한 동쪽의 태양Great Eastern Sun을 처음으로 접하게 된다. 여기서 태양이라고 함은 인간의 존엄, 인간의 능력이라는 태양을 뜻하는 것이다. 이 위대한 동쪽의 태양은 지는 해가 아니라 떠오르는 태양으로 인간의 존엄 즉 떠오르는 전사의 출현을 대변한다. 몸과 마음의 일치가 위대한 동쪽의 태양이라는 여명을 가져다준다.

06

◉ 위대한 동쪽의 태양이 뜨다 ◉

위대한 동쪽의 태양이라는 길은 이 세상에는 본질적인 광명의 근원
이 존재한다는 사실에 대한 이해 — 인간 본연의 깨달음 — 를 바탕
으로 한다.

위대한 동쪽의 태양은 실질적인 체험을 통해 떠오른다. 이는 개념이
아니다. 자기 자신을 향상시키고 인간인 자신의 존재를 감사히 여길
수 있음을 깨닫는 것이다. 주유소 직원이든 한 나라의 대통령이든 전
혀 문제가 되지 않는다. 삶의 진가를 체험함으로써 있는 그대로의 자
신을 존중할 수 있게 된다. 수많은 계산서를 정산하고, 기저귀를 갈고,
요리를 하고, 서류 정리하는 것들을 두려워하지 않는다. 이런 모든 책
임에도 불구하고 죽음에 대한 두려움 없이 인간으로 살아 있다는 것
의 가치를 근본적으로는 이해하기 시작한다.

　죽음은 필연적인 것이다. 아무도 피할 수 없다. 죽음은 누구에게나
온다. 하지만 삶을 있는 그대로 감사하는 마음으로 살았다면 우리는
품위 있는 삶을 후세에 남기고 친지들과 친우들 그리고 자녀들이 생
전의 우리를 고맙게 여길 것이다. 위대한 동쪽의 태양이란 비전은 삶

에 대한 찬미를 바탕으로 한다. 이는 지는 태양, 어둠 속으로 사라지는 태양과는 반대이다. 지는 태양이라고 하는 비전은 죽음이라는 개념을 피하려는, 죽음으로부터 벗어나려는 시도를 바탕으로 한다. 지는 태양은 두려움을 깔고 있다. 우리는 끊임없이 자기 자신에 대해 염려한다. 자기 자신을 신뢰하지 못하고 부끄럽게 여긴다. 자신의 직업, 재정상태, 부모의 자녀교육방식, 자신의 학력, 심리적 결점들을 부끄러워한다.

한편 위대한 동쪽의 태양이란 비전은 자신과 세상을 감사히 여기는 것을 바탕으로 하고 있어서 아주 부드러운 접근법이다. 세상을 소중히 하기 때문에 이를 더럽히지 않는다. 우리의 몸과 마음과 세상을 잘 보살핀다. 우리 주변의 세상을 아주 신성한 것으로 간주하기 때문에 항상 세상을 잘 살피고 깨끗이 한다. 지는 태양은 깨끗이 씻고 닦는 일을 돈을 주고 고용한 이들의 영역이라고 본다. 또는 돈이 없어서 가정부를 고용할 수 없다면 자신이 직접 청소를 하는 수밖에 없지만 이를 더러운 일이라고 여긴다. 맛있는 음식을 먹는 것은 괜찮지만 그릇은 누가 닦을 것인가? 우리는 남에게 이 일을 떠맡기기를 선호한다.

수 천 톤에 달하는 남긴 음식들이 매년 버려진다. 식당에 가보면 마음의 엄청난 욕구를 채워주기 위해 먹을 수 있는 양 이상으로 엄청나게 큰 접시에 음식을 잔뜩 담아 온다. 이렇게 큰 접시와 스테이크를 보는 것만으로도 마음은 가득 찬다. 그리고는 남은 음식들은 쓰레기통에 버려진다. 이 음식들은 전적인 낭비이다.

이것이 바로 지는 태양의 접근법이다. 다 소비하지도 못하면서 엄청난 욕심으로 결국에는 대부분을 버리고 만다. 남긴 음식을 재활용하는 프로그램이라고는 하나도 없다. 모두 쓰레기 더미로 간다. 쓰레기 처리가 심각한 문제로 대두한 것은 하나도 놀랄 것이 없다. 쓰레기를 우주에다 내다 버리는 것을 생각해 낸 사람들도 있다. 지구를 청소하는 대신에 우리 쓰레기를 우주가 처리하게끔 한다는 것이다. 지는 태양의 접근법은 우리가 신경을 쓰지 않아도 되게끔 가능한 한 더러움을 피하는 것이다. 뭐든지 불쾌한 것은 그냥 제거해버린다. 만족스러운 상태가 지속되는 한 남긴 음식이나 지저분한 숟가락이나 그릇은 잊어버린다. 청소하는 일은 남들에게 떠맡긴다.

이런 접근법은 지는 태양의 세상에 억압적인 사회계급조직을 만들어 낸다. 남들의 쓰레기를 치우는 사람들이 있고 쓰레기를 만들어 내는 것을 즐겨하는 사람들이 있다. 돈이 있는 사람들은 계속해서 음식을 즐기고 남은 음식들은 무시한다. 돈으로 사치를 즐기고 현실은 무시한다. 이런 방식으로 살아간다면 쓰레기뿐만 아니라 음식조차도 제대로 이해하지 못한다. 모든 것이 분리되어서 아무 것도 완전하게 체험하지 못한다. 우리는 여기서 음식만을 얘기하는 것이 아니다. 지는 태양의 세계에서 일어나고 있는 모든 것들에 대해 얘기하고 있는 것이다. 취사선택의 여지가 전혀 없는 포장된 음식, 여행사 알선 휴가 등 온갖 종류의 패키지 상품들. 이런 세상에서는 진성眞性을 체험할 수 있는 여지가 전혀 없다. 부드러움과 현실을 온전하게 전적으로 체험할 수 있는 여지가 존재하지 않는다.

이와는 반대로 위대한 동쪽의 태양은 아주 생태학적인 접근법이다. 위대한 동쪽의 태양으로 가는 길은 우리가 필요로 하는 것과 사물이

유기적으로 일어나는 방식에 대한 이해를 근간으로 한다. 따라서 위대한 동쪽의 태양이란 세상에서는 계급조직이 임의적인 경계나 분리를 강요하는 것이 아니다. 이 계급조직은 삶을 자연의 과정으로 보고 세상에 존재하는 자연의 질서와 조화를 이루는데서 비롯된다. 위대한 동쪽의 태양의 계급조직은 본질적인 광명의 근원이 이 세상에 존재한다는 사실에 대한 이해 — 인간 본연의 깨달음 — 를 바탕으로 한다. 인간의 존엄성이라고 하는 태양은 어둠을 채워주는 물리적인 태양에 비유할 수 있다. 비전의 원천이 되는 밝은 태양을 소유하게 되면 이 태양의 빛이 집의 모든 창을 비추고 이 밝은 빛이 우리들로 하여금 커튼을 활짝 열게끔 만든다. 위대한 동쪽의 태양의 세계에 존재하는 계급조직은 태양을 향해 자라나는, 꽃을 피우는 식물에 비유할 수 있다. 지는 태양의 계급조직은 우리의 기를 꺾어 제 자리에 매어 놓는 속박에다 비유할 수 있다. 위대한 동쪽의 태양에서는 범죄자들도 성장할 수 있도록 일깨우고 북돋아 준다. 지는 태양의 관점에서는 범죄자들은 가망이 없는 이들로 격리된다. 이들은 구제가 불가능하다. 보고 싶지 않은 쓰레기의 일부일 뿐이다. 하지만 위대한 동쪽의 태양에서는 누구나 가능성을 지니고 있다. 사람이나 일에 제약을 가할 필요를 느끼지 못한다. 언제나 꽃을 피울 수 있는 기회를 모두에게 부여하고자 한다.

위대한 동쪽의 태양이란 비전의 기반은 세상이 본디 깨끗하고 순수하다는 것을 깨닫는 것이다. 본연의 상태로 되돌리는 것일 뿐임을 깨닫는다면 더러움을 제거하는 것은 아무런 문제가 되지 않는다. 이것은 이빨을 관리하는 것과 마찬가지이다. 치과를 나서면서 자신의 치아에

아주 흡족해 한다. 마치 새 이빨을 얻은 것처럼 느껴지지만 사실은 이빨이 깨끗해진 것일 뿐이다. 본래 좋은 치아라는 사실을 깨닫게 된다.

자기 자신을 다루는데 있어서 더러움의 제거는 진실을 말하는 것으로부터 시작된다. 불쾌한 것이라고 해서 자신에게 솔직하기를 주저해서는 안 된다. 사무실에서 힘든 하루를 보내고 집에 돌아 와서 기분이 좋지 않다면 기분이 좋지 않다고 사실대로 말한다. 그러면 거실에서 나쁜 기분을 휘두르는 것으로 짜증을 떨어버리려고 애쓸 필요가 없다. 오히려 긴장이 풀리기 시작하고 참으로 편안함을 느끼게 된다. 샤워를 하고 깨끗한 옷으로 갈아입고 가볍게 뭘 좀 먹는다. 신발을 갈아 신고 밖으로 나가 정원을 걷는다. 그러면 한결 기분이 나아질 것이다. 진리에 가까이 가게 되면 진실을 말하게 되고 기분이 좋아진다.

이 세상에는 원초적인 순수함을 실현할 수 있는 가능성이 언제나 존재하는데 그 이유는 이 세상이 본래 깨끗하기 때문이다. 더러움은 항상 뒤따라오는 법이다. 그 예로 새 수건을 사면 그 수건에는 더러움이 묻어있지 않다. 그런데 수건은 사용하면 더러워진다. 하지만 수건은 언제든지 세탁함으로써 본래의 깨끗함을 되찾을 수 있다. 마찬가지로 우리의 몸과 마음 일체, 그리고 우리가 알고 있는 세상도 — 하늘, 땅, 집, 우리가 소유하고 있는 모든 것들 — 본래 깨끗했고 지금도 그러하다. 하지만 우리는 모순되는 감정들로 이를 더럽히기 시작한다. 그렇지만 근본을 말하자면 우리의 존재는 온전한 것이며 깨끗하게 닦을 수 있다. 이것이 바로 본질적인 선이라고 하는 것이다. 순수한 근원은 늘 그 자리에 존재하고 있고 우리가 깨끗하게 닦아주기를 기다리고 있다. 우리는 언제든지 이 원초적인 근원으로 돌아갈 수 있다. 이것이 바로 위대한 동쪽의 태양의 논리이다.

07

⦿ 고치 ⦿

> 비겁함은 고치 속에 자신을 깊이 묻고 습관적인 행동 방식을 지속하
> 는 것이다. 단순한 사고와 행동방식을 지속하고 있는 동안에는 신선
> 한 공기나 새로운 토양을 찾을 필요가 전혀 없다.

앞서 우리는 위대한 동쪽의 태양의 떠오름에 대해 이야기했다. 하지만
우리는 일반적으로 위대한 동쪽의 태양 빛보다는 석양 세계의 어두움
에 훨씬 더 익숙하다. 그래서 이번 논제로는 어둠을 다루려고 한다. 어
둠이란 숨거나 잠들어 버릴 수 있는 친숙한 세상에 자신을 묻어버림
을 뜻한다. 이는 마치 어머니의 자궁으로 다시 들어가 그곳에 숨어버
림으로써 태어나는 것을 피하려는 것과도 같다. 깨어나는 것을 두려워
하고 자신의 두려움을 직면하는 것을 두려워할 때, 위대한 동쪽의 태
양의 비전을 회피하기 위해 우리는 고치를 만든다. 나만의 정글과 동
굴 속에 몸을 숨기기를 선호한다. 이런 식으로 세상으로부터 숨고는
안전하다고 여긴다. 두려움을 잠재웠다고 생각할지도 모르지만 실재로
는 두려움에 마비되어 있는 것이다. 날카롭고 고통스러운 것들이 우리
를 건드리지 못하도록 익숙한 생각들로 자신을 덮어 버린다. 두려움에

질려서 마음마저 무뎌진다.

비겁함은 고치 속에 자신을 깊이 묻고 습관적인 행동 방식을 지속하는 것이다. 단순한 사고와 행동방식을 지속하고 있는 동안에는 신선한 공기나 새로운 토양을 찾을 필요가 전혀 없다. 대신 우리는 자신의 땀 냄새만이 유일한 동반자인 어두운 공간에 자신을 가둔다. 이 축축한 고치를 가보나 유산으로 여기고 불쾌하면서도 좋고, 좋으면서도 불쾌한 기억들에 집착한다. 고치 속에서는 춤이 존재하지 않는다. 걷지도 않고, 숨 쉬지도 않고 눈조차 깜박거리지 않는다. 편안하고 졸음이 온다. 어둡고 아주 익숙한 집이다. 고치의 세상에는 봄 대청소와 같은 것은 존재하지 않는다. 청소한다는 것은 아주 힘든 일거리라 생각한다. 다시 잠에 드는 것을 더 좋아한다.

고치 속에서는 열린 공간에 대한 염원, 자신의 땀 냄새를 제외한 다른 무엇인가에 대한 갈망을 체험하기 전에는 빛이라고 하는 개념은 아예 존재하지 않는다. 이런 편안한 어둠을 살펴보게 되면 ― 바라보고, 냄새를 맡아보고, 만져보면 ― 밀실 공포증을 발견하게 된다. 따라서 고치의 어두움을 벗어나 위대한 동쪽의 태양 빛으로 향하게끔 하는 최초의 충동은 신선한 공기에 대한 갈망이다. 신선한 공기에 대한 가능성을 인식하게 되자마자 팔과 다리를 전혀 움직일 수 없음을 깨닫게 된다. 팔과 다리를 뻗고, 걷고, 춤추고, 뛰고 싶다. 고치를 피하는 길이 있다는 사실을 깨닫게 된다. 이 함정으로부터 벗어날 수 있음을 알게 된다. 신선한 공기와 기쁨에 대한 갈망으로 우리는 눈을 열고 고치가 아닌 다른 환경을 찾기 시작한다. 그러면 놀랍게도 빛을 보게 되는데 이 빛은 처음에는 선명하지 않을 수도 있다. 이렇게 해서 고치를 벗어나는 과정이 시작된다.

그러면 우리가 몸을 숨기고 있던 못쓰게 된 고치가 아주 불쾌함을 깨닫게 되고 빛을 더 밝히기를 원하게 된다. 사실은 빛을 더 밝히는 것이 아니라 우리 눈을 더 크게 뜨고 밝은 빛을 찾는 것일 뿐이다. 이렇게 해서 우리는 위대한 동쪽의 태양이라는 일종의 열병에 걸리게 된다. 하지만 우리는 고치의 어둠을 계속 상기할 필요가 있다. 앞으로 나아갈 수 있도록 자신을 고무하기 위해서는 과거를 되돌아보아 우리가 존재했던 장소와의 현저한 차이를 볼 수 있어야 한다.

되돌아보지 않고서는 지는 해라는 실체를 설명하는데 어려움이 따른다. 끔찍하고 불필요한 것이라고 하더라도 고치의 세상을 무작정 거부할 수 있는 것은 아니다. 남들의 체험은 물론 어둠에 대한 나 자신의 체험을 진정으로 이해할 수 있어야 한다. 그렇지 않으면 고치를 벗어나는 우리의 여정은 석양의 휴일이 될 뿐이다. 회고라고 하는 기준점 없이는, 우리는 위대한 동쪽의 태양 속에서 새로운 고치를 짓는 성향이 있다. 이제 어둠을 뒤로하고 떠나왔기 때문에 모래 위에 누워서 명하니 햇빛을 마냥 즐길 수 있게 되었다고 생각한다.

그러나 고치를 회고하고 겁쟁이들의 세상에서 일어나고 있는 고통을 보게 되면 이것이 우리들로 하여금 전사의 길로 나아가는데 힘을 준다. 사막에서 지평선을 바라보고 나아간다는 의미에서의 길은 아니다. 이는 오히려 우리의 내면에서 펼쳐지는 길이다. 따라서 위대한 동쪽의 태양은 하늘에 떠 있는 태양처럼 외부에 존재하는 것이 아니라 우리의 머리와 어깨, 얼굴, 머리카락, 입술, 가슴속에 존재하는 것으로 인식하기 시작한다. 우리의 태도와 행위와 존재를 살펴보면 위대한 동쪽의 태양의 속성이 나라고 하는 존재 전체를 통해 반영되고 있음을 발견한다.

이것이 참된 인간으로서의 인식을 가져다준다. 육체적으로, 심리적으로, 가정적으로, 정신적으로 충만한 삶을 살아갈 수 있다고 느낀다. 순금 덩이를 들고 있기라도 하듯이 삶의 건실함을 본능적으로 느낀다. 이는 육중하고도 충만하며 황금빛을 발한다. 인간의 삶은 아주 실질적이고 동시에 풍요롭다. 이런 인식으로부터, 우리는 놀라운 활력health을 남들에게 전할 수 있다. 실제로 이런 활력을 세상에 전하는 것이 전사의 기본 수행이다. 수행이라고 해서 외부로부터 강요되는 불쾌하거나 인위적인 것을 뜻하는 것은 아니다. 오히려 이 수행은 자신의 체험으로부터 자연스럽게 전개되는 유기적인 과정이다. 우리가 활력에 넘칠 때 이는 자연히 남들에게로 전해지게 마련이다.

위대한 동쪽의 태양이란 비전은 외부 세상에 대한 자연스러운 관심을 불러일으킨다. 보통 '관심'은 뭔가 특별한 일이 일어나 이에 '관심'을 가지게 될 때 생긴다. 또는 관심을 가진다는 것은 지루하다는데서 오는 것으로 시간을 소일하기 위해 관심거리를 찾는다. 위협을 느낄 때 관심이 일어나기도 한다. 나쁜 일이 일어나지 않도록 자신을 보호하기 위해 강한 호기심을 가지고 열중하게 된다. 전사에게 있어 관심은 즉흥적으로 일어나는데 그 이유는 전사의 삶이 생명력과 일체감으로 충만해 있기 때문이다. 전사에게 있어 시각의 세계, 감성의 세계, 어떤 세계에 존재하든지, 세상은 본래 관심거리로 가득 차 있다. 따라서 관심 또는 호기심은 가공되지 않은 기쁨, 예민함을 수반하는 기쁨으로 나타난다.

일반적으로 어떤 것을 좋아하게 되면 우리는 둔감해지고 자기만족에 빠진다. '이 곳에 오게 되어 너무 기쁘다'고 생각한다. 이것은 자기 확인일 뿐이다. 하지만 전사의 경우 기쁨은 약간의 고통을 수반하는데 이는 세상에 대해 아픔, 쓰라림을 느끼기 때문이다. 부드러움은 물론 예민함과 슬픔도 관심을 불러일으킨다. 아주 쉽게 상처를 입기 때문에 세상의 영향을 받지 않을 수가 없다. 이것은 일종의 장점, 안전 예방조치로 이 때문에 전사는 정도에서 벗어나거나 둔감해지는 법이 없다. 관심이 생길 때마다 전사는 슬픔, 예민함을 돌이켜 살펴보는데 이로 인해 진실을 더 멀리 전하고 관심을 더 가지게끔 자극을 받는다.

위대한 동쪽의 태양은 전사가 수행할 수 있는 길을 밝혀준다. 이것과 유사한 것으로 일출시에 볼 수 있는 밝은 빛을 들 수 있다. 우리를 향해 다가오는 밝은 빛이 마치 우리가 나아가야 할 길을 제시하는 것처럼 말이다. 마찬가지로 위대한 동쪽의 태양은 에너지를 끊임없이 충전하면서 계속해서 앞으로 나아갈 수 있는 환경을 만들어 준다. 공장이나 햄버거 매점에서의 일처럼 반복되는 일을 하고 있을지라도 일생을 통해 끊임없이 앞으로 나아간다. 어떤 일을 하더라도 매순간이 새로운 장, 새로운 페이지가 된다. 전사는 칼라 TV나 비디오게임이 필요치 않다. 전사는 만화책을 읽거나 기분전환을 해야 할 필요를 느끼지 않는다. 전사가 존재하고 있는 세상은 지금 이대로 온전한 것이어서

이 세상에서는 오락이라고 하는 생각은 일어나지 않는다. 따라서 위대한 동쪽의 태양은 우리의 삶을 최대한 활용할 수 있는 방도를 제공해준다. 이렇게 되면 건축가나 재단사에게 우리의 세상을 다시 설계해줄 것을 부탁할 필요가 없다. 이것을 깨닫는 순간 또 다른 차원의 전사, 진정한 전사가 된다.

진정한 전사에게는 전쟁이 존재하지 않는다. 이것이 완전한 승리자라고 하는 개념이다. 완전한 승리자가 되면 정복할 것도 없고 극복해야 할 본질적인 문제나 장애도 존재하지 않는다. 이런 태도가 부정적인 성향을 억누르거나 무시하는 것을 바탕으로 하는 것은 절대 아니다. 그러나 자신의 삶 — 나는 누구이며 어떤 존재이며 왜 이 세상에 존재하는 지를 돌이켜 차근차근히 살펴보면 거기에는 근원적인 문제는 존재하지 않는다.

이는 자신을 설득해서 만사가 오케이라는 사실을 믿게 만들자는 것이 아니다. 오히려 자신의 전 존재를 분해해서 살펴본다면 지금 이대로의 나 자신이 진실하고 참된 존재임을 발견한다. 전체가 너무나 잘 구성되어 있어서 어떤 불상사도 거의 일어나지 않는다. 물론 도전은 언제나 있게 마련이지만 이 도전은 내가 살고 있는 세상과 문제들로부터 벗어날 수 없다는 석양의 감정과는 전혀 다른 것이다. 때로 우리는 위대한 동쪽의 태양의 비전을 두려워하기도 한다. 물론 두려움의 본성을 이해하지 않고서는 이를 초월할 수가 없다. 그러나 자신의 두려움을 일단 이해하게 되면, 장애물이 어디에 존재하는지를 알게 되면, 몇 발자국만으로 쉽게 이를 뛰어넘을 수 있다.

08

● 포기와 용기 ●

> 용사는 체험을 통해 자신과 남들 사이에 장애가 되는 모든 것을 포
> 기한다. 달리 말하자면 포기는 남들을 향해 더 마음을 열고 더 민감
> 해지도록 해준다.

살아가면서 우리가 접하게 되는 두려운 상황들은 우리가 두려움을 극
복하는 디딤돌이 된다. 비겁함의 반대편에는 용기가 존재한다. 제대로
걸어간다면 비겁한 존재로부터 용감한 존재가 되는 경계를 건널 수 있
다. 용기를 곧장 발견하지 못할 수도 있다. 두려움을 벗어나 오히려 동
요하는 예민함을 발견할 수도 있다. 여전히 동요하고 흔들리기는 하지
만 거기에는 혼란이 아닌 부드러움이 존재한다.

　앞서 논의했듯이 예민함에는 슬픔이란 요소가 함께 한다. 상실감
이나 낙담에서 비롯되는 슬픔이 아니라 충만함에서 비롯되는 자연스
런 현상이다. 너무나 충만하고 풍부하여 금방이라도 눈물이 흘러내릴
것만 같다. 두 눈이 눈물로 가득 차 있어서 눈을 깜박이면 금방 눈물
이 볼을 타고 흘러내린다. 훌륭한 전사가 되기 위해서는 이런 슬프고
도 예민한 마음을 느낄 수 있어야 한다. 고독함과 슬픔을 느끼지 못한

다면 전사라고 할 수가 없다. 전사는 시각, 냄새, 소리, 감정 등 모든 현상에 매우 민감하다. 전사는 예술가처럼 주변에서 일어나고 있는 모든 것들을 소중히 한다. 전사의 체험은 온전하고 아주 생생한 것이다. 살랑거리는 나뭇잎과 코트에 떨어지는 빗방울 소리가 우뢰와 같다. 전사는 너무나 민감하여 이따금씩 주변에 날아드는 나비의 날갯짓 소리조차 견디기 어려울 정도이다. 이 예민함으로 인해 전사는 자기 수양을 위해 앞으로 나아갈 수가 있다. 전사는 포기의 의미를 차츰 이해하기 시작한다.

일반적으로 포기라고 하면 흔히 고행을 연상한다. 세상의 감각적인 쾌락을 포기하고 차원 높은 존재의 의미를 이해하기 위해 철저한 수행생활에 들어간다. 샴발라의 가르침에서 말하는 포기는 이와는 아주 다른 것이다. 전사는 체험을 통해 자신과 남들과의 사이에 장애가 되는 것들을 포기한다. 달리 말하자면, 포기는 남들을 향해 더 마음을 열고 더 민감해지도록 해준다. 남들을 향해 마음을 여는데 조금이라도 장애가 되는 것은 제거한다. 남들을 위해서 자신의 사생활을 포기한다.

포기의 필요성은 내면의 본질적인 선을 발견하는 것으로부터 비롯된다. 물론 본질적인 선이란 개인적인 소유물은 아니다. 이는 세상의 법과 질서로써 개인이 소유할 수 있는 것이 아니다. 이는 개인적인 영역이나 계획보다 훨씬 더 숭고한 비전이다. 그럼에도 불구하고 우리는 때로 본질적인 선을 나의 소유로 취하려고 한다. 본질적인 선을 조금 취해서는 자신의 주머니 안에 넣어 둘 수 있다고 생각한다. 이렇게 해서 사생활이라고 하는 생각이 소리 없이 일어나기 시작한다. 이때가 바로 포기, 본질적인 선을 소유하고자 하는 유혹의 포기가 필요한 시점이다. 국부적이고 편협한 접근법을 포기하고 더 큰 세상을 받아들여야 한다.

위대한 동쪽의 태양이라는 비전에 두려움을 느낄 때에도 포기가 필요하다. 광대하고도 더할 나위 없는 위대한 동쪽의 태양을 인식하게 되면 때로는 이에 압도되는 수가 있다. 동쪽의 태양으로부터 도피하여 기거할 곳과 하루 세끼의 충분한 식사가 필요하다고 느끼게 된다. 그래서 작은 둥지, 집을 짓고는 이 비전을 제한하거나 감추려고 한다. 엄청나게 광대한 이 빛을 똑바로 쳐다보기보다는 위대한 동쪽의 태양을 사진에 담아서 기념물로 보관하려고 한다. 포기의 원리는 이런 종류의 편협한 마음을 모두 거부하는 것이다.

명상수행은 포기를 함양하는 이상적인 환경을 제공한다. 호흡과 함께 명상하는 동안 마음속에서 일어나는 모든 생각들은 사고 작용일 뿐이다. 특정한 생각에 매달릴 필요도 없고 이를 응징하거나 찬양할 필요도 없다. 명상을 하는 동안 일어나는 생각들은 자연스런 현상으로 보지만 동시에 이들은 아무런 의미도 지니지 않는다. 명상의 기본 정의는 '한결같은 마음을 지니는 것'이다. 명상하는 동안 마음은 생각을 따라 일어나거나 사라지지 않는다. 생각이 일어나고 사라지는 것을 그저 관찰할 뿐이다. 생각들이 좋고 나쁘고, 신나고 따분하고, 행복하고 불행한 것을 떠나서 일어나는 그대로 둔다. 어떤 생각은 받아들이고 어떤 생각은 거부하고 할 필요가 없다. 내 안에 존재하는 더욱 광대한 공간은 일어나는 모든 생각들을 수용할 수 있다.

달리 말해, 명상을 통해 우리는 존재라고 하는 실재를 체험하게 되는데 이 실재는 생각을 포함하기는 하지만 생각의 조절을 받거나 사고 과정에 의해 제약을 받지는 않는다. 생각을 체험하고 이를 '생각'이라 이름하고는 다시 호흡으로 돌아가 숨을 내쉬고, 마음을 열고, 허공으로 사라진다. 이는 아주 단순하면서도 대단히 심오한 것이다. 세상을 직접 체험하게 되며 이 체험에는 제약이 없다. 방어할 것도 두려워 할 것도 없으므로 전적으로 마음을 열 수가 있다. 이렇게 해서 개인적인 영역과 편협한 마음을 포기하게 된다.

이와 함께 포기는 분별分別을 수반한다. 열린 마음이라고 하는 기본 전제 속에는 피하고 거부해야 하는 것과 수용하고 계발해야 하는 것에 대한 원리가 존재한다. 포기의 긍정적인 측면, 즉 함양해야 하는 것은 사람들에 대한 애정이다. 하지만 남들을 돌보기 위해서는 나 자신만을 위하는 마음, 이기주의적 태도를 배제해야 한다. 이기적인 사람은 어디를 가든 집을 등에 지고 다니는 거북과 마찬가지이다. 언젠가는 집을 떠나서 더 큰 세상을 받아들여야만 한다. 이것이 바로 남들을 사랑하기 위해서 절대적으로 필요한 것이다.

이기심을 극복하기 위해서는 용기가 있어야 한다. 이는 마치 수영복을 입고서 풀장의 스프링 보드 위에 서서 "이제 뭘 해야 하지?"라고 자문하는 것과 유사하다. 이에 대한 답은 당연히 "뛰어 내려라."이다. 이것이 바로 용기이다. 뛰어 내리면 혹시 다치거나 가라앉을 지도 모른다고 생각할 수도 있다. 그럴 수도 있다. 장담할 수는 없지만 무슨 일이 일어날 지를 알아보려면 뛰어내리는 수밖에 없다. 전사가 되고자 하는 이는 뛰어내려야 한다. 우리에게 좋지 않은 것은 수용하고 우리에게 좋은 것은 거부하는데 우리는 아주 익숙해져 있다. 자신의 고치, 이기주의에 사로잡혀서 자신의 범주를 넘어서는 큰사랑을 두려워한다. 따라서 사생활 포기에 따르는 망설임을 극복하고 남들의 행복을 위해 헌신하기 위해서는 일종의 도약이 필요하다.

명상수행에서, 도약과 함께 용감해지는 방법은 생각을 놓아 버리고 희망과 두려움, 사고과정의 기복을 초월하는 것이다. 마음이 만들어 내는 끊임없는 생각에 구속됨이 없이, 있는 그대로 존재한다. 생각을 제거할 필요가 없다. 생각은 자연스런 과정으로 나쁜 것이 아니다. 그대로 가만히 둔다. 그저 마음을 모으고 날숨을 따라 나아간다. 무슨 일이 생기나 살펴본다. 이런 식으로 자신을 놓아 버릴 때 자신의 힘과 마음을 열어 남들을 향해 펼쳐나갈 수 있는 능력에 대한 신뢰가 형성된다. 그야말로 기꺼운 마음으로 사심 없이 남들에게 줄 수 있는 충분한 부와 재원을 소유하고 있음을 깨닫게 된다.

그런데 일단 용기를 가지고 도약을 하고 나서는 오만해지는 수가 있다. "봐라. 내가 뛰어내렸다. 나는 정말 멋져. 대단해!"라고 중얼거린다. 하지만 오만한 전사는 일을 하지 않는다. 남들에게 도움이 되는 일은 전혀 하지 않는다. 따라서 포기라고 하는 훈련은 예민함을 더욱 키워서 민감하고도 열려 있는 마음속에 이를 깃들게 한다. 진정한 포기에 도달한 전사는 피부나 조직조차도 없이 완전히 드러나 있는 생살과도 같다. 전사는 새로운 갑옷을 걸치거나 두꺼운 피부 만들기를 포기했기 때문에 뼈와 골수가 외부로 드러나 있다. 주변상황을 조작하고자 하는 여지도 욕망도 존재하지 않는다. 아무런 두려움 없이 있는 그대로의 자신을 받아들인다.

자신의 안락과 사생활을 완전히 포기한 시점에 이르면, 역설적으로, 전사는 홀로 존재하는 자신을 발견하게 된다. 호수 한 가운데에 도사리고 있는 섬과도 같다. 이따금씩 나룻배와 사람들이 섬과 강기슭을 오가기는 하지만 이 모든 움직임은 섬의 외로움, 고독을 더 한층 보여줄 뿐이다. 전사는 남들을 돕는데 자신을 바치기는 하지만 자신의 체험을 남들과 온전히 나눌 수는 없다는 사실을 잘 알고 있다. 전사의 체험은 온전히 자신의 것이며 전사는 자기 자신만의 진리와 함께 살아가지 않으면 안 된다. 그럼에도 전사는 세상을 더욱 사랑하게 된다. 이런 사랑과 고독의 결합이 바로 전사로 하여금 쉬지 않고 남들을 돕기 위해 노력하도록 만들어준다. 개인적인 세상을 포기함으로써 전사는 더욱 광대한 우주와 가득 차서 넘치는 아픈 가슴을 발견하게 된다. 이는 슬퍼할 일이 아니다. 기뻐해야 마땅하다. 이것이 전사의 세계로 들어가는 것이다.

09

◉ 전사의 길 ◉

전사의 길은 끊임없는 여정이다. 전사가 된다는 것은 삶의 매순간,

순간을 진실하게 살아가는 법을 배우는 것이다.

전사의 목표는 본질적인 선을 그야말로 온전하고, 새롭고, 슬기롭게 표현해내는 것이다. 본질적인 선을 내가 소유하고 있는 것이 아니라 나자신이 바로 본질적인 선 그 자체임을 깨닫게 될 때 가능한 것이다. 따라서 전사가 되기 위한 자기 수양이란 본질적인 선과 절대적인 순수함을 신뢰하는 법을 배우는 것이다. 불교에서 이런 경지를 무아無我라고한다. 샴발라의 가르침에서도 무아를 아주 중요시한다. 무아를 체험하지 않고서는 전사가 될 수 없다. 무아를 체험하지 못하면 우리는 자기자신이나 개인적인 일들에만 몰두하게 된다. 남들을 배려하기보다는 '자기 자신'에 온 정신이 팔려있다. '자기 생각만 한다'라는 통상적인 표현은 이런 종류의 오만함과 헛된 자만심을 가리킨다.

　앞서 논의했듯이 포기란 이기심을 초월하는 태도이다. 포기의 결과로 우리는 편견 없이 남들을 향해 마음을 열게 되는 한편 더 큰 슬픔과 고독에 잠기게 되는 전사의 세상으로 들어가게 된다. 전사란 전 생

애를 통해 지속되는 길 또는 과정임을 이해하기 시작한다. 장애가 일어나거나 불행하거나 비관적일 때 사용하는 단순한 기술이 아니라 전사의 길은 끊임없는 여정旅情이다. 전사가 된다는 것은 삶의 매순간, 순간을 진실하게 살아가는 법을 배우는 것이다. 이것이 바로 전사가 되기 위한 수련이다.

안타깝게도 '수련'이란 단어는 많은 부정적인 의미를 내포하고 있다. 수련은 임의적인 규정과 권위 또는 통제를 가하는 형벌을 연상시킨다. 하지만 샴발라의 가르침에서 수련은 참으로 진실하고 온화해지는 법과 연계되어 있다. 이기심을 극복하고 자신은 물론 사람들에게서 무아 즉 본질적인 선을 함양하는 법을 가르쳐 준다. 수련은 전사의 길로 가는 법을 보여준다. 전사의 길로 가도록 이끌어주고 전사의 세상에서 살아가는 법을 보여준다.

전사의 수련은 흔들리지 않으며 모든 것을 포함한다. 이는 마치 태양과 같다. 해가 뜨는 곳에 햇빛은 비친다. 태양은 장소를 가리지 않는다. 햇빛은 모든 것을 비춘다. 마찬가지로 전사의 수련에는 가리는 법이 없다. 전사는 절대로 수련을 소홀히 하거나 잊어버리지 않는다. 전사의 알아차림과 감수성은 끊임없이 뻗어나간다. 아주 급박하거나 어려운 상황에서도 전사는 결코 포기하지 않는다. 우선 전사는 부드러움과 온화함을 가지고 언제나 올바르게 행동하며 석양의 세계에 빠져있는 중생들을 향한 충절을 늘 지켜나간다. 전사의 의무는 남들을 향한 온화함과 자비심을 일깨우는 것이다. 전사는 이 의무를 한시도 게을리 하지 않는다. 전사의 수련과 헌신은 확고한 것이다.

동요하지 않는 수련을 통해 전사는 전사로서의 길을 가고 남들과 함께 일하는데 기쁨을 느낀다. 전사는 일생을 통해 기쁨을 체험한다. 늘 기쁨을 누리는 이유는 무엇일까? 이는 자신의 본질적인 선을 깨달았고, 아무 것도 집착할 것이 없으며, 앞에서 논의한 포기의 의미를 체험했기 때문이다. 따라서 몸과 마음은 언제나 조화를 이루며 항상 기쁨을 누린다. 이런 기쁨은 나름대로의 독특한 리듬과 선율을 찬미하는 음악과도 같다. 이런 찬미는 삶의 굴곡에도 불구하고 지속된다. 언제나 기쁨을 누린다고 하는 것은 바로 이것을 가리킨다.

전사의 수련에는 분별력 또는 지혜라고 하는 또 다른 면이 존재하는데 이를 활과 화살에 비유할 수 있다. 화살은 날카롭고 꿰뚫는 성질을 가지고 있지만 이런 날카로움을 추진하고 효과를 발휘하기 위해서는 활이 필요하다. 마찬가지로 전사는 항상 주변 세상에 관심과 호기심을 가지고 있기는 하지만 지혜를 적용하기 위해서는 노련한 행동을 필요로 한다. 지혜의 화살이 활이라고 하는 방편과 함께 할 때 전사는 석양 세계의 유혹에 빠지지 않게 된다.

여기서 유혹이란 자아를 부추기고 무아와 본질적인 선이란 비전에 역행하는 모든 것을 지칭한다. 크고 작은 수많은 유혹이 존재한다. 음식이나 돈의 유혹을 받을 수도 있다. 화살과 같은 날카로움으로 먼저나 자신 속에서 그리고 세상에서 일어나고 있는 모든 타락한 행위들 즉 석양의 세계를 명백하게 볼 수 있게 된다. 하지만 유혹을 실제로 물리치기 위해서는 활이 필요하다. 방편으로 지혜를 무장해야 한다. 이 활과 화살의 원리는 거짓을 '거부'하고, 부주의나 경솔함을 '거부'하고,

방심을 '거부'하는 법을 배우는 것이다. 제대로 '거부'하기 위해서는 활과 화살이 필요하다. 부드러운 활과 날카로운 화살을 사용해야만 한다. 이 둘을 결합하면 탐닉과 음미를 분별할 수 있게 된다. 세상을 바라보고는 세상일이 어떻게 돌아가는지 알게 된다. 이렇게 되면 석양의 세계를 '거부'할 수도 없고, 우울이나 탐닉에 빠지려고 할 때 이를 거부지 못한다는 우리의 미망을 극복할 수가 있다. 이처럼 활과 화살은 무엇보다도 먼저 석양 세계의 유혹을 극복하는 것과 관계가 있다.

유혹을 극복하는 법을 배우게 되면, 지혜의 화살과 행위의 활은 우리에게 확신을 가져다준다. 이렇게 되면 더 큰 호기심이 생기게 된다. 믿음에만 의존하는 어리석음을 저지르지 않도록 모든 상황을 살피고 검토한다. 자신의 지혜와 능력을 통해 상황을 직접 살핀다. 호기심을 가지고 상황을 살펴보면, 분명한 답을 얻을 수 있음을 알아차림 하는 것이 바로 확신이다. 어떤 일을 성취하기 위해 행동을 취하면 이 행위는 성공이든 실패든 어떤 결과를 가져올 것이다. 화살을 쏘면 목표를 맞힐 수도 있고 빗나갈 수도 있지만 언제나 가르침이 따라 온다는 것을 아는 것이 바로 확신이다.

이런 가르침을 신뢰할 때 현상계의 반영인 이 세상은 풍요함의 보고, 저장고로 보이게 된다. 언제나 가르침이 존재하는 풍요로운 세상에 살고 있음을 깨닫게 된다. 문제는 상황을 내게 유리하도록 조작하거나 무시할 때만 일어나는 법이다. 그렇게 되면 현상계와 나와의 신뢰 관계를 위반하게 되고 따라서 저장고는 고갈된다. 그러나 그 이전에 우리는 먼저 언질을 받는다. 우리가 지나치게 오만할 때는 하늘이 우리를 끌어내리고, 지나치게 소심할 때는 대지가 우리를 북돋아준다.

보통 자신의 세상을 신뢰한다는 것은 보살핌을 받거나 구원받을 것에 대한 기대를 뜻한다. 세상이 우리가 원하는 것이 아니면 적어도 우리가 기대하는 것을 제공해줄 것으로 여긴다. 하지만 우리는 전사로서 위험을 감수하고 현상계를 접할 각오가 되어 있으며 성공이든 실패든 가르침을 받게 될 것임을 믿는다. 이런 가르침들은 징벌도 아니고 축하도 아니다. 성공이 아니라 진실을 신뢰하는 것이다. 행동과 지혜가 규제되지 않거나 조화를 이루지 못할 때 주로 실패하고 지혜와 행동이 완전히 일치할 때 성공한다는 것을 깨닫게 된다. 하지만 자신의 행동으로부터 오는 결과가 어떤 것이든 결과 그 자체가 목적은 아니다. 결과를 초월해 이를 앞으로 나가게 될 길의 원천으로 삼는다. 따라서 끊임없이 앞을 향해 나아가면서 이 여정을 기쁨으로 받아들이는 것은 활과 화살이라는 전사의 수련을 닦아나가는데서 비롯된다.

전사의 마지막 수련은 알아차림meditative awareness이다. 이 수련의 원리는 전사의 세상에서 자리를 잡는 방법과 관계가 있다. 확고한 태양의 원리가 기쁨과 노력의 길을 제공해주어서 이 여행을 떠날 수 있게 해주는 한편 활과 화살의 원리는 유혹을 극복하고 현상계에 존재하는 막대한 자원의 보고를 접할 수 있게 해준다. 그러나 이 두 원리는 전사가 자신의 세계에서 확고한 자리를 잡지 않는 한 아무 것도 성취할 수가 없다. 알아차림이 전사로 하여금 제 자리를 잡도록 해준다. 반응에 압도되거나 마음이 산만해지지 않고 전사가 균형을 잃을 때 이를 되찾는 방법과 수련을 더욱 강화하기 위해 현상계의 가르침을 활용하는 법을 보여준다.

　알아차림의 원리는 전사의 세계에 상존하는 메아리에 비유할 수 있다. 이 메아리는 명상수행을 통해 처음으로 체험하게 된다. 명상 중에 마음이 흐트러지거나 생각 속에 빠질 때 알아차림의 메아리가 생각을 지적하고 호흡으로, 자신에게로 되돌아갈 것을 상기시켜 준다. 마찬가지로 전사가 안일 또는 석양 세계의 성향에 침잠함으로써 훈련을 소홀히 하기 시작하면 메아리와 같은 전사의 알아차림이 되살아난다.

　처음에는 이 메아리가 미약할 수도 있지만 점 점 더 커진다. 전사에게 준비가 되어 있어야 함을 늘 상기시켜 주는데 그 이유는 전사가 석양 세계의 휴식이라는 개념을 인정하지 않는 세상에 살기를 선택했기 때문이다. 때로는 석양 세계가 커다란 위안으로 느껴지기도 할 것이다. 거기서는 열심히 일하지 않아도 되고, 잠도 자고, 메아리를 잊어버릴 수도 있다. 하지만 그러다가도 메아리로 다시 돌아가면 기쁨을 느끼게 되는데 이는 석양의 세계가 무료하기 그지없기 때문이다. 그 세상에는 메아리조차도 존재하지 않는다.

　알아차림이라는 메아리로부터 균형감각을 키워나가게 되는데 이는 자신의 세상을 뜻대로 움직이게 되는 첫 걸음이다. 변덕이 심한 마음이라는 말을 타고 안장 위에 앉아있다고 하자. 타고 있는 말이 움직이더라도 앉은 자세를 유지할 수 있다. 안장 위에 올바른 자세로 앉아 있는 한 어떤 급작스럽거나 예상치 못했던 움직임에도 대응할 수 있다. 잘못 앉아서 미끄러지더라도 자세를 바로 잡을 수 있고 말에서 떨어지지 않는다. 알아차림을 상실하는 도중에 이를 회복하게 되는데 그 이유는 바로 알아차림의 상실 과정 그 자체이다. 미끄러짐 그 자체가 스스로를 교정한다. 자동적으로 일어난다. 자신이 고도의 기술을 지니고 있고 훈련을 제대로 받았음을 알게 된다.

전사의 알아차림은 극도의 두려움이 아닌 본질적인 견고함에 대한 훈련 즉 본원적인 선에 대한 신뢰를 근거로 한다. 그렇다고 해서 우리가 따분하거나 심각해야 한다는 의미가 아니라 우리가 뿌리 깊은, 확립된 존재임을 뜻할 뿐이다. 신뢰하고 늘 기뻐하므로 놀라지 않는다. 상황에 따른 갑작스런 흥분이나 과장된 반응은 이 단계에서는 일어나지 않는다. 우리는 전사의 세계에 존재한다. 좋은 일이든 나쁜 일이든, 옳은 일이든 그릇된 일이든 사소한 일들이 발생하면 이를 과장하지 않는다. 항상 안장과 자세로 돌아간다. 전사는 놀라지 않는다. 누군가가 내게 다가와 '당신을 당장 죽이겠다'거나 '백만 달러를 당신에게 선물로 주겠다'라고 해도 놀라지 않는다. 안장 위에 자리를 잡고 앉아있을 뿐이다.

알아차림의 원리는 또 이 세상에서 제대로 자리를 잡도록 해준다. 세상에 제대로 자리를 잡게 되면 증인을 내세워 자신의 정당함을 확인할 필요가 없다. 전설적인 부처의 일화에 따르면 부처가 성도했을 때 누군가가 "성도했음을 우리가 어찌 알겠는가?"라고 묻자 부처는 "대지가 나의 증인이다."라고 답하고 손으로 땅을 가볍게 쳤는데 이것이 바로 촉지인이다. 이것은 안장 위에 자리를 잡는다는 것과 같은 개념이다. 현실 속에 온전히 자리를 잡게 된다. "상황에 과잉 반응하는 것이 아니라는 것을 어떻게 압니까?"라고 묻는 이가 있을 것이다. "안장 위에 앉아있는 나의 자세를 보면 알 것이다."라고만 답한다.

이 시점에서는 용기라고 하는 본질적인 개념을 체험하게 된다. 실패나 성공 어느 편에도 서지 않기 때문에 어떤 상황에 처하든지 자발적으로 깨어 있으며 자신의 삶을 전적으로 통솔할 수 있게 된다. 성공과 실패가 우리의 여정이다. 용기를 지니고 있다고 하더라도 여전히 두려움을 체험하는 수가 있다. 길을 가는 중에 너무나 두려운 나머지 안장 위에서 온 몸이 후들후들 떨릴 수도 있을 것이다. 두려움으로 온몸이 떨려서 말 위에 재대로 앉아있을 수도 없다. 그러나 본원적인 선을 확고하게 이해하고 있다면 이런 두려움도 용기의 발현으로 간주한다.

10

● 놓아 버리기 Letting Go ●

본질적인 선을 바탕으로 살아간다면 우리는 자연스러운 품위를 몸에
익히게 된다. 우리의 삶은 난잡하지 않으면서도 광대하고 여유로워
진다. 인간이라는 사실에 대한 당혹감이나 우울증으로부터 벗어나
참으로 행복해질 수 있다.

전사의 원리를 닦음으로써 우리는 야망과 경솔함을 벗어나 균형감각
을 키우게 된다. 균형은 상황에 집착하는 것이 아니라 대지와 하늘과
하나가 되는 데서 비롯되는 것이다. 대지란 중력 또는 실용성이고 하
늘은 비전 또는 우리의 자세, 어깨와 머리를 높이 들어 올릴 수 있는
열린 공간에 대한 경험이다. 균형은 실용성과 비전, 즉 자발성과 기술
을 결합하는 것으로부터 비롯된다.

　먼저 자신을 신뢰해야 한다. 그렇게 되면 대지 또는 상황의 중요함을
확신할 수 있게 되고 이로부터 자신을 향상시킬 수 있게 된다. 이렇게
해서 수련은 시련이라거나 대단한 강요라기보다는 즐거움이 된다. 말
을 탈 때, 균형은, 안장에다 다리를 꽉 붙이는 데서 오는 것이 아니라
말을 타는 동안 말의 동작과 함께 움직이는 법을 익히는데서 비롯된

다. 한 걸음, 한 걸음은 말의 춤일 뿐만 아니라 기수의 춤이기도 하다.

수련이 자신의 일부인 것처럼 자연스럽게 되면 이를 놓아 버리는 법을 배워야 한다. 전사에게 있어 '놓아 버리기'는 자유를 체험하기 위해 수련 속에서 긴장을 푸는 것이다. 여기서 자유란 방종이나 경솔함을 뜻하는 것이 아니라 오히려 자신을 놓아 버림으로써 인간으로서의 존재를 온전하게 체험하는 것이다. 놓아 버리기를 통해 우리는 수련이 우리가 저지르거나 저지를 지도 모르는 잘못이나 나쁜 행위에 대한 벌이라는 생각을 완전히 극복하게 된다. 인간의 본성에는 뭔가 본질적으로 잘못된 것이 있어서 인간의 행위를 교정하기 위해서는 수련이 필요하다는 생각을 완전히 없애야 한다. 수련이 외부에서 비롯되는 것이라고 여기는 한 내게는 뭔가 부족한 점이 있다는 생각을 떨쳐 버리지 못한다. 따라서 놓아 버리기는 있는 그대로의 자기 자신에 대한 의혹이나 망설임, 부끄러움을 모두 놓아 버리는 것이다. 수련이 본질적인 선의 발현일 뿐이라는 것을 온전히 깨닫기 위해서는 자기 자신을 향해 편안한 마음을 가져야 한다. 자신을 감사히 여기고, 존중하며, 의혹과 부끄러움을 놓아 버림으로써 남들을 위해서 자신의 선과 건전한 마음을 선언할 수 있다.

놓아 버리기 위해서는 먼저 앞서서 논의한 수련의 여러 측면을 포함한 포기의 훈련이 반드시 있어야 한다. 놓아 버리기를 오만이나 공격과 혼돈하지 않기 위해서 이것이 필요하다. 적절한 수련 없이는, 놓아 버리기를 자신이 용감하고 두려움을 모르는 사람임을 확인하기 위해 자신을 한계점까지 몰고 가는 것과 혼돈할 수도 있다. 이는 아주 해로운 것이다. 놓아 버리기는 아만我慢을 조장하고 자신의 뜻을 남들에게 강요하는 등 남들을 희생해 가면서 자신을 즐기는 것이 아니다. 이런 종류의 오만은 어떤 경우에서든 놓아 버리기를 토대로 하는 것이 결코 아니다. 이는 자신에 대한 근원적인 회의에 근거하는 것으로 우리를 부드럽고 예민하게 만드는 것이 아니라 오히려 냉담하게 만든다.

예를 들어 자동차 경주에서 레이서는 훈련을 통해 트랙에서 시간당 380킬로의 속도로 경주차를 몰 수 있다. 그는 엔진과 기어와 타이어의 한계를 안다. 차체의 무게, 도로와 기후 상태를 안다. 따라서 그는 자살행위로 이끌지 않고도 빠른 속도로 차를 운전할 수 있다. 이렇게 되면 운전은 춤으로 변한다. 하지만 적절한 훈련을 거치지도 않고서 놓아 버리기를 시도하는 것은 아주 위험한 일이다. 스키를 배우고 있는데 훈련의 초급 단계에서 긴장을 풀고 놓아 버리기를 시도한다면 이내 골절사고를 당하게 될 것이다. 이렇게 놓아 버리기를 흉내 내다가는 곤경에 빠질 수 있다.

지금까지의 논의를 근거로, 원리를 벗어나지 않으면서도 긴장을 풀고 놓아 버릴 수 있을 만큼 충분한 수련을 거치기란 불가능하다고 생각할 수도 있다. 용사가 될 만한 준비가 되어 있지 않다고 생각할 수도 있다. 하지만 일단 기본적인 수련에 숙달하게 되면 이때가 바로 이런 의혹을 제거해야 할 시점이다. 완벽한 수련을 기대하면서 놓아 버리지 않는다면 때는 결코 오지 않을 것이다. 아직 완벽하지는 않지만 전사의 수련을 즐기게 되고 수련이 자연스럽게 느껴지면 이때가 바로 놓아 버려야 할 때이다.

놓아 버리기는 단순히 긴장을 푸는 것과는 분명히 다르다. 이는 주변 환경, 세상과 조화를 이루는 것을 바탕으로 하는 편안함이다. 놓아 버리기의 중요한 원리 중의 하나는 도전하는 삶이다. 그러나 이것이 끊임없는 위기 속에서의 삶을 뜻하는 것은 아니다. 그 예로, 통장 잔액이 마이너스라고 은행에서 전화가 오고, 같은 날 집주인이 전화를 해서 집세를 제때에 내지 않았다고 방을 비우라고 한다고 가정하자. 이 급박한 상황에 대처하려고 모든 친구들에게 전화를 해서 이 위기극복에 필요한 충분한 돈을 빌릴 수 있는지 알아본다. 도전하는 삶이란 일상사에 대한 대응에 실패함으로써 스스로 지어 낸 예외적인 상황에 대처하는 것을 바탕으로 하는 것이 아니다. 전사에게 있어서는 매 순간이 진실을 향한 도전이고 모든 도전은 기쁨이다. 제대로 놓아 버리면 긴장을 풀고 도전을 즐길 수가 있다.

석양 세계에서의 놓아 버리기는 휴가를 간다거나 술에 취해, 거칠고 경솔해져서, '올바른 정신'으로는 생각조차 하지 못할 극단적인 일을 저지르는 것이다. 샴발라의 이해는 말할 것도 없이 이와는 아주 다르다. 전사에게 있어 놓아 버리기는 일상생활의 제약으로부터 벗어나는 것이 아니다. 이와는 정반대의 것이다. 놓아 버리기는, 있는 그대로의 나의 삶이 무조건적으로 나의 기운을 북돋아 주고 우울과 회의로부터 벗어날 수 있게 해주는 방편을 지니고 있음을 알고 있기 때문에, 삶에 더욱 깊이 개입하게 된다.

석양세계에서 보는 기운 북돋아주기는 실재로 기운을 북돋우기보다는 "기분이 나아졌다."라는 말로 스스로를 기만하는 것일 뿐이다.

아침에 침대에서 일어나 화장실로 가서 거울 속의 모습을 들여다본다. 머리는 약간 헝클어져 있고, 잠도 채 깨지 않은데다 눈 밑의 피부는 축 늘어져 있다. 석양의 세계에서는 큰 한숨과 함께, "또 시작이로군."하고 중얼거린다. 하루를 보내기 위해서는 충전이 필요하다고 느낀다. 이것이 석양의 세계에서 말하는 기쁨이다.

기운을 내는 것이 인위적인 의지 또는 활기를 더하기 위해 적을 만들고 이를 이겨내는 것을 뜻하는 것이 아니다. 모든 인간에게는 외부가 아닌 자신 속에 본질적인 선이 이미 존재한다. 거울 속의 자신의 모습을 볼 때 거울 속의 모습이 내가 원하는 모습인지 아닌 지를 염려하지 않고 보이는 그대로를 받아들일 수 있다. 자신을 편안히 받아들이면 본질적인 선의 가능성을 발견하게 되고 기운을 북돋울 수가 있다. 침대에서 일어나기, 화장실에 가기, 샤워하기, 아침식사하기 등의 일과가 자신의 훈련이나 하루의 계획에 부합하는 지를 매번 염려하지 않고도 자신이 모든 행위를 수용할 수가 있다. 끊임없이 걱정하고 자신의 행위가 어떤지를 돌이켜 점검하지 않고 자신을 이 정도로 신뢰할 수 있게 되면 수련을 더욱 더 철저히 할 수 있다.

완전하지 않더라도 삶을 기꺼이 수용한다. 오래된 아파트에다 가구는 낡고 값싼 것일 수도 있다. 궁전에서 살아야만 하는 것은 아니다. 어디에 있든지 편안하고 놓아 버릴 수가 있다. 어디에 있든지 그 곳이 바로 궁전이다. 난잡한 아파트로 이사하게 되면 시간을 들여서 청소를 하게 되는데 이는 기분이 나쁘다거나 먼지 때문에 마음이 상해서가 아니라 기분이 좋아서이다. 시간을 들여서 제대로 청소를 한다면 형편

없는 아파트를 요긴한 집으로 바꿀 수가 있다.

인간의 존엄성은 금전적인 부에 따르는 것이 아니다. 부유한 이들은 집을 멋지게 꾸미는 데 많은 돈을 들일 수는 있지만 이는 인위적인 만족을 짓는 것일 뿐이다. 존엄성은 자기 자신의 손으로 그 자리에서, 제대로, 아름답게 일을 해냄으로써 인간 본연의 재원을 사용하는데서 비롯되는 것이다. 이는 불가능한 일이 아니다. 최악의 상황에서도 기품 있는 삶을 살아갈 수 있다.

우리의 신체는 본질적인 선의 연장이다. 본질적인 선을 발현하는 가장 친밀한 도구, 수단이기 때문에 우리의 신체를 소중히 여겨야 한다. 우리가 먹는 것, 마시는 것, 입는 것, 적당한 운동 등은 모두 중요한 것이다. 매일 조깅을 하거나 팔굽혀 펴기를 해야 할 필요는 없지만 우리의 신체를 보살피는 마음가짐은 중요하다. 육체적인 장애가 있더라도 이로 인해 제약을 받는다고 여길 필요는 없다. 장애가 있더라도 자신의 육체와 삶을 존중할 수 있다. 인간의 존엄성은 장애를 뛰어넘는 것이다. 하늘과 대지의 이름으로 자신을 사랑할 수 있게 된다.

샴발라의 비전은 순전한 철학만은 아니다. 전사가 되기 위해 자신을 훈련하는 것이 바로 샴발라의 비전이다. 깨달음의 사회를 일구는데 힘이 될 수 있도록 자신을 더욱 존중하는 법을 배우는 것이다. 이 과정에서 자기 존중은 아주 중요하고 귀한 것이다. 값비싼 옷을 살 돈이 없더라도 경제적인 문제로 인해 석양세계의 우울증에 빠질 필요는 없다. 여전히 품위와 선을 지킬 수 있다. 청바지와 티셔츠를 입고 있을 수도 있지만 무릎을 잘라버린 청바지와 티셔츠를 입고도 인간으로서의 품위를 유지할 수 있다. 문제는 자신을 존중하지 않고 따라서 자신이 입고 있는 옷도 존중하지 않을 때 발생하는 것이다. 우울한 상태로 침대로 가서는 옷을 방바닥에 던져 버린다면 문제가 있다.

요약해서 말하면 우리가 본질적인 선을 바탕으로 살아간다면 자연스러운 품위를 몸에 익히게 된다는 것이다. 우리의 삶은 난잡하지 않으면서도 광대하고 여유로워 진다. 인간이라는 사실에 대한 당혹감이나 우울증으로부터 벗어나 참으로 행복해질 수 있다. 자신의 문제를 가지고 세상을 탓할 필요가 없다. 편안한 마음으로 세상을 음미할 수 있다.

이렇게 되면 한 걸음 더 나아가 놓아버리는 단계에 이르게 되는데 이는 진실을 말하는 것이다. 자신이나 세상을 신뢰하지 못한다면 자신을 보호하기 위해 진실을 왜곡해야 한다고 생각할 수도 있다. 그 예로, 구직 면접 시 일자리를 줄지도 모르는 고용주에게 진실만을 이야기하지 않을 수도 있다. 직장을 구하기 위해 진실을 적당히 왜곡할 필요가 있다고 생각한다. 있는 그대로의 자신보다 좀 더 낫게 보여야 한다고 생각한다. 샴발라의 관점에서는 정직이 최상의 방책이다. 하지만 진실을 말한다고 해서 가슴속 깊은 곳에 있는 비밀이나 자신이 부끄럽게 여기는 모든 것들을 드러내야 한다는 것은 아니다. 사실 부끄러워 할 것이라고는 하나도 없다! 이것이 바로 진실을 말하는 근간이 된다. 세상에서 제일가는 학자, 기술자, 예술가, 연인이 아닐 수도 있지만 우리는 있는 그대로 근본적으로 선한 존재이다. 실재로 이렇게 생각하게 되면 망설임이나 자의식을 놓아 버리고, 과장하거나 모욕하지 않고 진실을 말할 수 있게 된다.

이렇게 해서 열린 마음으로 남들과 이야기하는 것이 중요하다는 것을 차츰 이해하게 된다. 상대방에게 진실을 말한다면 당장은 아닐지도 모르지만 이들도 당신에게 마음을 열 수 있게 된다. 또 이들에게 솔직하게 말할 수 있는 기회를 주는 것이기도 하다. 자신의 생각을 이야기하지 않으면 자신은 물론 남들에게도 혼란을 초래하게 된다. 진실을 회피하는 것은 의사소통이라는 말의 목적에 어긋나는 것이다.

진실을 말하는 것은 부드러움과도 연관이 있다. 샴발라의 가르침을 신봉하는 이들은 부드러운 말을 쓰지 고함은 지르지 않는다. 부드러운 말은 지혜와 분별 못지않게 존엄성을 상징한다. 지혜와 분별을 갖춘 이가 큰 소리를 치기 시작한다면 이상한 일이다. 앞뒤가 맞지 않는다. 영어를 못하는 이들과 이야기할 때 의사소통을 위해서 목소리를 높여야 된다고 여기고는 큰 소리로 이야기하는 경우가 종종 있다. 이것이 바로 우리가 피해야 하는 것이다. 남들과 이야기하고자 할 때 이들이 귀를 기울이게 하려면 책상을 치고 큰 소리를 내야만 하는 것은 아니다. 진실을 말한다면 언어는 부드러울 것이고 우리가 하는 말은 권위를 지니게 된다.

놓아 버리기의 최종 단계는 속임이 없는 상태이다. 여기서 속임이란 남들을 의도적으로 속이는 것을 뜻하는 것이 아니다. 오히려 자기기만, 망설임과 자기회의가 남들을 혼란에 빠뜨리거나 이들을 실제로 기만할 수도 있다는 것이다. 어떤 결정을 내리는데 도움을 받고자 누구에게 묻는다. "이 사람에게 청혼해야 할까요?" "내게 무례하게 군 아무

개에게 불만을 털어놓아야 할까요?" "이 일자리를 수락해야 할까요?"
"휴가를 가야 할까요?" 질문이 도움을 구하는 진실한 요청이 아니라
자신감의 결여를 반영하는 것일 뿐이라면 이는 남들을 기만하는 것이
다. 속임이 없는 상태란 실재로는 진실을 말하는 것의 연장이다. 자신
의 존재를 신뢰한다면 남들과 주고받는 말들도 진실하고 신뢰할 수 있
게 된다.

　자기기만은 자신의 지혜를 신뢰하지 못하고 자신의 삶에 제대로 대
응하지 못할까 두려워하기 때문에 일어나는 수가 많다. 자신에게 내재
하는 타고난 지혜를 인정하지 않는다. 대신 지혜를 나와는 상관이 없
는 대단한 것으로 간주한다. 이런 태도는 극복해야 한다. 기만을 없애
기 위해서, 우리가 의지할 수 있는 유일한 평가 기준은 내 안에 본질적
인 선이 이미 존재한다는 사실에 대한 인식이다. 명상수행을 통해 이
런 인식을 확신할 수 있다. 명상을 통해 우리는 두려움과 의혹을 벗어
난, 망설임이 없는 마음상태를 체험할 수 있다. 이런 동요하지 않는 마
음은 일어나고 사라지는 일시적인 생각이나 감정에 따라 흔들리지 않
는다. 처음에는 이것이 순간적인 것에 불과할 수도 있다. 명상수행을
통해 우리는 무조건적, 본질적인 선을 순간적으로 체험한다. 이런 순
간을 체험하게 될 때 전적으로 자유롭다거나 만족스럽게 느껴지지는
않겠지만 이런 깨침, 즉 본질적인 선이 이미 그곳에 존재하고 있음을
깨닫게 된다. 망설임은 사라지고 따라서 속임이 없는 상태에 이를 수
있게 된다. 자연스럽게 존재하는 삶은 더욱 충만해진다. 놓아 버림으
로써 더욱 충만한 에너지를 접하게 되는데 이 에너지로 인해 우리는

수련과 기쁨을 하나로 융합할 수 있게 되고 따라서 수련은 자연스럽고도 놀라운 것이 된다.

누구나 일생동안 이런 에너지나 힘을 한 번쯤은 경험하게 된다. 예를 들어 운동선수들은 경기 중에 에너지의 용솟음을 느낀다. 마음이 끌리는 이에게 열렬한 사랑과 열정을 느낄 수도 있다. 때로 에너지는 강렬한 바람이라기보다는 상쾌하고 기분 좋은 바람으로 느껴지기도 한다. 그 예로, 더워서 땀을 흘리고 있을 때 샤워를 하면 상쾌함과 동시에 활기를 느낀다.

우리는 보통 이 에너지가 어떤 특정한 출처에서 비롯되거나 특별한 원인을 지니고 있다고 생각한다. 우리는 에너지를 활기가 넘치는 상황과 관련시킨다. 운동선수들은 '솟아나는 에너지'를 체험하기 때문에 운동에 중독되기도 한다. 어떤 이들은 되풀이해서 사랑에 빠지는 것에 중독이 되기도 하는데 이는 사랑에 빠져 있을 때 생동감과 만족감을 느끼기 때문이다. 놓아버리기는 상황을 떠나서 언제나 이용할 수 있는 독립적으로 존재하는 에너지의 저장고를 발견하게끔 해준다. 이는 무無에서 솟아나는 것이지만 언제나 그곳에 존재하고 있는 것이기도 하다. 이것이 본질적인 선의 에너지이다.

이런 독립적으로 존재하는 에너지를 샴발라의 가르침에서는 '바람의 말windhorse'이라고 한다. 바람의 원리는 강하고 풍부하고 빛나는 본질적인 선의 에너지이다. 이는 우리 삶을 통해 놀라운 힘을 발휘한다. 그러나 본질적인 선은 동시에 부릴 수도 있는데 이것이 바로 말馬의 원리이다. 전사의 원리, 특히 놓아 버리기의 원리를 따름으로써 선이란 바람을 부릴 수가 있다. 이 말은 완전하게 길들일 수 없는 것처럼 본질적인 선도 개인이 소유할 수 있는 것이 아니다. 하지만 충만한 본질적인 선의 에너지를 생활 속에서 불러오고 일으킬 수는 있다. 철학적인 차원에서는 물론 구체적이고 물질적인 차원에서, 남들은 물론 나 자신을 위한 본질적인 선을 즉석에서 완전하고도 이상적으로 일으킬 수 있게 된다. 바람의 말이라는 에너지를 접하게 되면, 자신에 대한 걱정을 벗어버리고 남들을 생각하기 시작한다. 본질적인 선의 가르침으로부터 도움을 받을 수 있는 형제, 자매, 부모, 모든 친구들과 선의 발견을 나누려고 하는 열망을 느낀다. 따라서 바람의 말을 발견한다는 것은 무엇보다도 자신 속에 내재하는 본질적인 선의 힘을 인식하고 이런 마음의 경지를 남들에게 대담하게 전하는 것이다.

충만한 세상을 체험하는 것은 기쁜 일이기는 하지만 슬픔도 가져다준다. 이는 사랑에 빠지는 것과도 같다. 사랑에 빠져 있을 때, 연인과 함께 하는 것은 기쁨인 동시에 고통스러운 일이다. 기쁨과 슬픔을 동시에 느낀다. 이것은 문제가 아니라 놀라운 것이다. 이것이 이상적인 인간의 감정이다. 바람의 말을 체험하게 된 전사는 매사에 있어 사랑의 기쁨과 슬픔을 느낀다. 그는 더위와 추위, 달콤함과 신맛을 동시에 느낀다. 일이 순조롭게 진행이 되거나 잘못되거나, 성공하거나 실패하거나, 전사는 기쁨과 슬픔을 동시에 느낀다.

이렇게 해서 전사는 무조건적인 확신을 이해하게 된다. 확신을 의미하는 티베트 말은 지지ziji이다. 지zi는 '빛나다' 또는 '반짝이다'라는 뜻이고 지ji는 '장려壯麗함' 또는 '존엄'을 뜻하는데 때로는 '거대한'이란 의미를 지니기도 한다. 따라서 지지는 광휘, 존엄을 잃지 아니하는 기쁨을 나타낸다.

확신은, 선택의 여지가 없는 상태에서, 자신을 믿고서 저축해 둔 것, 정보, 힘, 뛰어난 기억력과 꿋꿋한 자세를 동원해서 공격 자세를 갖추고는 이 일을 해내고야 말겠다고 스스로에게 이르는 것을 뜻하기도 한다. 이는 아마추어 전사의 방식이다. 여기에서 말하는 확신은 어떤 것에 대해 확신을 가지고 있음을 의미하는 것이 아니라 경쟁이나 남보다 뛰어나다는데 집착하지 않고 확신 상태를 유지하는 것이다. 이는 무조건적인 경지로 이 경지에서는 평가기준이 필요하지 않은 확고한 마음 상태가 존재할 뿐이다. 여기에는 의혹의 여지가 전혀 없다. 의혹에 대한 생각조차 일어나지 않는다. 이런 확신은, 두려움이란 생각이 일어나지 않기 때문에 부드러움을, 확신의 경지에서는 언제나 풍부한 자원이 존재하고 있기 때문에 견고함을, 마음에 대한 신뢰가 유머 감각을 한층 더 가져다주기 때문에 기쁨을 내포하는 것이다. 이런 확신은 삶 속에서 위엄, 기품, 그리고 풍요로움으로 나타난다. 제2부의 주제는 바로 이런 속성을 우리 삶 속에서 실현하는 방법이다.

제2부

성스러움 : 전사의 세계

༄༅། །དྲག་སྔགས་ཅན་གྱི་སེམས་ཉིད་དེ། །ཁྱམས་པའི་མཇུག་རངས་དག
ཊགཱཇུ་ཕེ་ཚོམ་མེད་པ་ཡི། །ཟབ་ཅིང་གསལ་བའི་ནོ་མ་བསྐུན།
འཇིགས་པ་མེད་པའི་གྲིབ་བསིལ་དུ། །དགའ་ཞིང་སྒྱོ་བའི་རྫུང་གཡབ་པ
དེ་ལས་ན་ཚོང་རྒྱས་པ་ན། །སྲིད་པའི་རྣོས་གར་སྨྲ་ཚིགས་ཀྱིས།
རང་བྱུང་རྗེ་དམོའི་ར་བར་ཐིད། །དེ་ལས་ན་ཚོང་ཆེར་རྒྱས་པས།
གདོད་མྱོ་གཉི་བརྗེད་སྒྱོལ་བའི་ཕྱིར། །དཔའ་བོའི་མདའ་ར་དག་ཧྲུ་ཞིད།
དེ་ལས་ན་ཚོད་ཆེར་རྒྱས་པས། །གདོང་མའི་རང་གྲ་ཤེས་སངད་པའི་ཕྱི
མཇོས་ཕྱིང་གཉི་བརྗེད་ལྷུན་པ་ཡི། །མི་ཡི་སྲིད་པར་བླུ་རུ་བཅུག
དྲག་སྔགས་ཅན་གྱི་སེམས་དེ་ཉིད། །དཔའ་བོའི་སེམས་སུ་འགྱུར་སྲིད།
ཊགཱཇུ་གཞོན་པའི་གཉི་བ་རྗེད་དེ། །ཕྲོག་མཐའ་མེད་པའི་མཁའ་ར་དུ་ར
དེ་ཚོ་ནར་ཆེན་ཏེ་མ་མཐོང་།།

두려워하는 마음은
자비의 요람에 뉘어
영구한 확신이라는
심오하고도 놀라운 젖을 먹인다.
용기라고 하는 시원한 그늘에서
기쁨과 행복의 부채로 부쳐준다.
나이가 좀 들면
그를 자존自存하는 놀이터로 데려가
여러 가지 현상들을 보여준다.
더 나이가 들면
원초적인 자신감을 키워주기 위해
전사들의 활터로 데리고 간다.
또 더 나이가 들어서는
원초적인 자성을 일깨우기 위해
아름다움과 위엄을 갖추고 있는
인간 사회를 보여준다.
그러면 두려워하는 마음은
전사의 마음으로 변하고
언제나 활기에 넘치는 확신은
시작도 끝도 없는 무한한 공간으로 펼쳐진다.
이때에 위대한 동쪽의 태양을 보게 된다.

11

● 지금 이 순간 Nowness ●

우리는 전통과 현재 삶의 체험간의 연결점을 찾아야 한다. 과거의 지
혜와 현재를 연결시켜주는 것은 바로 현재, 즉 지금 이 순간이라고
하는 마법이다.

태어나는 순간부터, 어머니의 자궁을 벗어나 첫울음을 터트리고 호
흡하게 되면 우리는 개별적인 존재이다. 물론 나와 부모를 이어주는 정
서적인 애착, 즉 정서적인 탯줄은 여전히 존재하지만 나이가 들고 유아
기로부터 성숙한 청년기로 옮아가면서 해가 갈수록 우리의 애착은 줄
어든다. 부모를 떠나 홀로 살아갈 수 있는 개별적인 존재가 된다.

이런 삶의 과정을 통해 인간은 '누구의 자녀'라고 하는 집착에서 벗
어나야 한다. 제1부에서 논의한 전사의 수련은 성숙하고 독립적인 존
재가 되고 따라서 인간으로서의 자유를 체험할 수 있게끔 개별적인
수양을 닦아 가는 방법이다. 그러나 일단 이런 성장을 이루게 되면 인
간사회의 우애友愛를 함께 나누는 것도 이에 못지않게 중요하다. 이는
전사의 비전이 유기적으로 표현되는 것으로 세상에 대한 감사를 바탕
으로 한다. 전사가 되는 과정을 통해 우리는 자연스럽게 인간에 대한

깊은 연대감을 가지게 된다. 이것이 바로 남을 돕고, 궁극적으로는 사회를 위해 진정한 기여를 하는데 실질적인 바탕이 된다. 하지만 사람들과의 관계와 이들에 대한 우리의 관심은 직접적이고 실질적이어야 한다. 남들에 대한 추상적인 관심만으로는 충분치가 않다. 사람들과 함께 하고 이들을 위해 일할 수 있는 가장 실질적이고도 직접적인 방법은 자신의 가정문제를 대상으로 이로부터 확대해 나가는 것이다. 따라서 전사가 되는 과정에서 중요한 한 가지 단계는 일상적인 가정생활을 존중하고 가정환경을 향상시키려고 노력하는 가정적인 사람이 되는 것이다.

국가나 세상에 대한 비전만으로는 사회에 도움을 줄 수가 없다. 사람들의 요구를 충족시킬 수 있는 사회를 조직하는 방법을 다루는 사상들이 적지 않다. 국민에 의한 통치, 즉 '민주주의'라고 하는 잘 알려진 사상이 있고, 두 번째로 식자층에 의한 통치가 진보적인 사회를 건설한다고 하는 사상이 있다. 세 번째 사상은 천연자원이 공평하게 분배되고 완벽한 생태의 균형을 이룰 수 있다고 하는 과학적인 접근법을 통한 통치이다. 이런 여러 가지 사상들은 나름대로 가치가 있을 수도 있지만 이들은 개개인의 가정생활의 체험과 접목되어야 한다. 그렇지 않고서는 사회에 대한 대단한 비전과 일상생활이라는 현실 사이에 커다란 틈이 생기게 된다. 가정생활의 한 예를 들어보자. 한 남자와 여자가 만나 사랑에 빠지고 결혼한다. 가정을 꾸리고 자녀를 갖는다. 그리고는 식기 세척기가 잘 작동하는지, 새 스토브를 살 돈이 있는지를 가지고 걱정한다. 자녀들은 성장함에 따라 학교에 가 읽고 쓰기를 배운다. 부모와 이상적인 관계를 지니고 있는 어린이들도 있을 것이고, 가족이 경제적인 어려움을 겪고 있는가 하면, 많은 돈을 가지고는 있지만 가족 간의 관계가 원만하지 않을 수도 있다. 이런 문제들은 계속 발생한다. 이런 세속적인 차원에서의 삶을 존중해야 하는데, 이는 한 가정의 문제로 이 비전을 끌어내리는 것이 바로 사회에 대한 우리의 비전을 실현하는 유일한 길이기 때문이다.

가정적인 사람이 된다는 것은 가족의 유산이라는 지혜에 자부심을 가지는 것이다. 샴발라의 관점에서는 자신의 가족과 가정교육을 존중하는 것이 자신과 남을 구별한다거나 자신의 조상에 대해 거드름을 부리는 것과는 전혀 상관이 없다. 오히려 이는 가정생활이라는 조직과 경험이 실제로 뿌리 깊은 특정 문화의 지혜를 반영한다는데 대한 인식을 바탕으로 한다. 이런 지혜는 대를 이어 내려온 것으로 우리의 일상적인 가정생활 속에 실제로 존재한다. 따라서 가족의 전통을 소중히 여김으로써 세상의 풍요로움을 향해 자신을 활짝 열게 된다.

나 자신과 가족의 유산과의 관계를 깨닫게 된 체험을 나는 생생하게 기억한다. 나는 동부 티베트의 한 외양간에서 태어났는데 그곳에서는 나무를 본 사람이 하나도 없었다. 이 지역 사람들은 나무는 고사하고 관목조차 없는 초지草地에서 생활한다. 일 년 내내 고기와 유제품을 먹고산다. 나는 이 원시적인 땅에서 농부의 아들로 태어났다. 아주 어린 나이에 나는 툴쿠Tulku, 즉 라마의 환생으로 인정되어 교육을 받고 승려가 되기 위해 수르망Surmang 사원으로 보내졌다. 그래서 태어난 지 얼마 되지 않아서 나는 가족들과 헤어져 사원으로 가게 되었다.

나는 늘 트룽파 린포체Trungpa Rinpoche라는 법명으로 불렸지만 한 번도 나의 태생에 대해 잊어 본 적이 없다.

내가 사원으로 가게 되었을 때 어머니는 내가 정식교육을 시작할 수 있는 나이가 될 때까지 몇 년 동안 나와 함께 생활했다. 한 번은 내가 네 살인가 다섯 살 때 어머니에게 물었다. "어머니, 우리 이름은 뭐예요?" 어머니는 아주 조심스러워 하셨다. "우리 이름이라니 무슨 뜻이냐? 네 이름이 트룽파 린포체라는 걸 알고 있으면서." 어머니가 말했다. 그렇지만 나는 우겨댔다. "우리 이름, 우리 가족의 성이 뭐예요? 우린 어떤 출신인가요?"하고 물었다. 어머니는 "잊어버리렴. 아주 미천한 이름이어서 네가 부끄럽게 여길지도 모른다."라고 하셨다. 하지만 나는 "우리 가족의 성은 뭐예요?" 하고 물어댔다.

그 때 나는 말에게 먹이는 식초에 절인 무를 가지고 놀고 있었다. 나는 사원 식당 밖에 있는 땅바닥에서 식초에 절인 무를 줍고 있었다. 툴쿠는 이 무를 먹으면 안 되는데도 나는 무 하나를 씹어 먹으면서 계속 말했다. "어머니, 우리 이름이 뭐예요? 우리 성이 뭐지요?" 나는 더러운 초절임 무를 하나 더 먹으려던 참이었는데 어머니는 무척 걱정을 했고 조심스러워 했다. 그럼에도 불구하고 어머니는 내가 이런 질문을 했다는 것에 관심을 보였다. 그 순간 우리는 서로 진지하게 이야기를 나눌 수 있었다.

그 날은 날씨가 아주 좋았던 것을 기억하는데 지붕에 있는 창문에 비치는 해가 어머니의 얼굴을 비추고 있었다. 어머니는 늙은 것 같으면서도 동시에 젊어 보였다. 나는 계속해서 물었다. "우리 성이 뭐예요?"

어머니는 마침내 말문을 열었다. "묵포Mukpo, 묵포란다. 그렇지만 그 절인 무는 먹지 말아라. 말에게 주는 것이란다." 유감스럽게도 나는 이미 초절임 무를 한입 베어 물고 이를 씹고 있었던 것을 기억한다. 무는 아주 아삭아삭한 것이 일본식 피클인 추케모노와 같은 맛이었는데 무척 맛이 좋았다. 나는 어머니를 바라보며 말했다. "저도 묵포라는 말인가요?" 어머니는 주저했다. 어머니는 "너는 린포체란다."하고 말했다. 또 어머니에게 내가 어머니 몸에서 태어난 당신의 아들인가를 물었던 것을 생생하게 기억한다. 어머니는 처음에는 "그렇다."고 했지만 이어서 이렇게 말했다. "나는 인간이라고도 할 수 없다. 여자의 몸을 받았으니. 열등한 태생이지. 제발 네 처소로 돌아가거라." 그리고는 어머니는 주방별관을 지나 내 처소로 나를 안고 갔다. 그럼에도 불구하고 나는 묵포라는 이름을 나의 성, 나의 주체, 나의 자랑으로 지켜왔다.

어머니는 아주 부드러운 분이었다. 내가 아는 한 어머니는 한 번도 강요하는 법이 없었고 언제나 남들의 편의를 봐주고 이들에게 친절했다. 내가 인간사회의 원리에 대해 많이 배울 수 있었던 것은 어머니의 지혜를 통해서였다.

현대사회에서는 가족이 더 이상 사회의 중심이 아니다. 옛날에는 가족의 초점은 어느 정도는 생존 문제였다. 예를 들어 병원과 의사가 존재하기 이전에 여자들은 주로 어머니의 도움에 의존해서 자녀를 출산하고 키웠다. 그러나 현재에는 의학 연구가 할머니의 지혜를 흡수해서 병원의 모자 병동에서 의사들이 아이들을 분만한다. 대부분의 지역에서 조부모의 지혜는 더 이상 필요하지 않게 되었고 이들은 아무런 역할도 하지 않는다. 결국에는 양로원이나 퇴직자들을 위한 시설로 가게 되고 가끔씩 손자들을 보러 가서는 아이들이 노는 것을 지켜본다.

어떤 사회에서는 조상을 기리는 사당을 세우기도 했었다. 지금도 일본과 같은 현대사회에서는 조상을 숭배하는 견고한 전통이 여전히 존재한다. 이런 관습이 원시적인 사고나 미신에 따른 행위일 뿐이라고 생각할 수도 있지만 조상 숭배는 실제로 내가 속해 있는 문화의 집적된 지혜를 존중한다는 증거이다. 조상숭배를 되살리자는 제안이 아니라, 수 천년동안, 사람들이 지혜를 집적해 왔음을 인정하는 것이 필요하다는 것이다. 도구를 사용하는 법을 배우고, 칼과 활과 화살을 만들어 냈으며, 나무를 베고, 음식을 조리하고 향신료를 첨가하는 것을 배운 조상들의 업적을 인정해야 한다. 과거로부터의 공헌을 무시해서는 안 된다.

건축 기술의 이면에는 수 천 년의 역사가 존재한다. 최초의 인간은 동굴에서 기거했다. 그리고는 움막 짓는 법을 배웠다. 이어서 기둥을 세워 건물을 짓는 법을 배웠고 마침내 중앙에 기둥을 두지 않고, 반원형의 지붕이 천장을 가로지르는 건물을 세우는 법을 알게 되었는데 이는 놀라운 발견이다. 이런 지혜는 존중되어야 한다. 이는 석양세계의 접근법이 아니다. 중앙에 기둥이 없는 건물을 세우려다가 건물이 무너져서 수많은 사람들이 압사했을 것이다. 성공적인 모델을 개발하기까지 많은 사람들이 목숨을 희생했다. 이런 업적이 대수롭지 않은 것이라 할 수도 있지만 세상에서 가장 심각한 문제 중의 하나는 우리가 — 본질적인 선이라고 부르는 — 인간이 지니고 있는 재능의 가치를 제대로 인식하지 못한다는 것이다.

그러나 과거를 존중하는 것만으로는 세상의 문제를 해결할 수 없다. 전통과 현재 삶의 체험과의 연결점을 찾아야 한다. 과거의 지혜와 현재를 연결시켜주는 것은 바로 현재성, 즉 지금 이 순간이라고 하는 마법이다. 그림이나 음악 또는 문학작품을 감상할 때 이들의 창작시기를 막론하고 우리는 이들을 지금 이 순간에 감상한다. 작품이 창작되었을 때와 같은 현재성을 체험한다. 언제나 지금 이 순간에 존재하는 것이다.

현재성을 체험하는 법은 지금 이 순간, 삶의 현 순간이 언제나 특별한 때임을 인식하는 것이다. 따라서 현 순간에 내가 어디에 있으며 어떤 존재인지에 대한 이해는 아주 중요하다. 이것이 가정환경, 일상적인 가정생활이 아주 중요한 이유 중의 하나이다. 가정을 성스럽고, 현재성을 체험할 수 있는 황금의 기회로 보아야 한다. 성스러움의 인식은 생활의 모든 소소한 것들에 관심을 가지는 것에서 비롯된다. 관심이란 일상생활에서 일어나는 모든 일에 ― 요리를 하고, 운전을 하고, 기저귀를 갈고, 심지어는 논쟁을 벌이는 동안에 ― 주의를 기울이는 것이다. 이런 자각은 속도, 혼란, 노이로제, 그리고 온갖 종류의 분노로부터 벗어나는데 도움이 된다. 장애로부터 벗어나 지금 이 순간에 이를 수 있도록 도움을 주어 언제나 있는 그 자리에서 행복할 수가 있다.

깨달음의 사회를 이루고자 하는 모든 노력에 있어 지금 이 순간의 원리는 대단히 중요한 것이다. 사회를 돕는 최선의 방법은 무엇이며 내가 하고 있는 일이 과연 진실하고 유익한 것임을 어떻게 알 수 있는지

궁금해 할 것이다. 이에 대한 유일한 답은 바로 지금 이 순간이다. 중요한 것은 바로 현재이다. 지금 이 순간이 바로 진정한 현재이다. 지금 이 순간을 체험하지 못한다면, 현재를 다른 곳에서 찾는 것이 되는데 이는 불가능하기 때문에 잘못된 길을 가는 것이다. 이렇게 되면 과거나 미래만이 존재할 뿐이다.

문화가 타락하는 것은 그 문화가 현실성을 상실하고 과거와 미래로 존재하게 되었기 때문이다. 위대한 예술작품이 만들어지고, 학문이 발달하고, 또는 평화가 널리 보급되었던 역사상의 시기들은 모두 그들의 현재였다. 이런 일들은 그들의 현재라고 하는 바로 그 순간에 일어난 것이다. 그러나 현재가 있고 난 이후에 이들의 문화는 현재성을 잃어버렸다.

우리는 타락을 되풀이하지 않고, 지금 이 순간을 타락시키지 않고 현재를 대신해 잘못된 동의어를 사용하지 않도록 지금 이 순간을 유지해야 한다. 전통과 문화와 지혜와 위엄은 지금 이 순간에 체험할 수 있으며 개개인 모두가 이들의 현재성을 유지할 수 있다는 것이 깨달음의 사회라는 비전이다. 이렇게 하면 어떤 종류의 타락도 있을 수가 없다.

깨달음의 사회는 튼튼한 기반을 가지고 있어야 한다. 우리 가정의 현재성이 바로 그런 기반이다. 우리는 이로부터 펼쳐 나갈 수 있다. 가정을 성스런 것으로 간주함으로써, 혼란을 겪는다는 생각을 벗어나 인식과 기쁨을 가지고 가정문제에 관여할 수 있게 된다. 그릇을 닦고 저녁을 준비하는 것이 그야말로 평범한 일이라고 여길 수도 있지만 어떤 상황에서든 인식을 적용하면 자신을 훈련하여 나라는 존재를 제한하지 않고 더욱 활짝 열 수 있게 된다.

사회를 위한 훌륭한 비전을 가지고는 있지만 삶이 돈 문제, 배우자와의 대화나 자녀를 돌보는 문제 등으로 메워져 있고 비전과 일상생활이라고 하는 이 두 가지가 서로 상반되는 것이라 느낄 수도 있다. 그러나 비전과 현실은 지금 이 순간에 하나로 통합할 수 있다.

흔히 사람들은 세상의 문제를 해결하는 것이 대지와 땅을 체험하는 것이 아니라 이를 정복하는 것이라 생각한다. 현실을 피할 수 있도록 세상을 정복하려는 시도, 이것이 바로 석양 세계 사고방식의 하나이다. 온갖 종류의 방향제 스프레이가 있어서 우리는 실재 세상의 냄새를 맡지 못하고 온갖 종류의 가공 식품들로 우리는 가공되지 않은 식품들을 맛보지 못한다. 샴발라의 비전은 아무도 피를 보거나 공포를 체험할 필요가 없는 환상의 세상을 만들려고 하는 시도가 아니다. 샴발라의 비전은 이 세상, 실재 세상, 곡식이 자라는 세상, 우리의 존재를 부양해주는 세상에 사는 것에 근거를 두고 있다. 우리는 이런 세상에 살아가는 법 ─ 야영하고, 천막을 치고, 말을 타고, 소젖을 짜고, 불을 피우는 방법 ─ 을 배울 수 있다. 20세기에 도시에서 생활하고 있더라도 우리는 현실의 성스러움, 현재성을 체험하는 법을 배울 수 있다. 이것이 바로 깨달음의 사회를 일구는 기반이다.

12

◉ 마법의 발견 ◉

어떤 인식이든 우리를 올바르게, 온전하게 현실과 하나가 되게끔 해
줄 수 있다. 우리가 체험하는 것이 반드시 좋은 것이어야만 하는 것
은 아니다. 우리는 존재하는 모든 것들의 가치를 인식한다. 만물에
는 생동하는 마법의 원리가 존재한다. 만물에는 실재하고 생동하는
무엇인가가 꿈틀거리고 있다.

21세기의 사회에서는 단순함에 대한 올바른 인식이 거의 사라져 버
렸다. 런던에서 동경에 이르기까지, 서둘러 쾌락과 즐거움을 얻으려는
시도에는 문제가 있다. 세상은 우리가 생각할 필요조차 없을 정도로
기계화되었다. 버튼을 누르기만 하면 컴퓨터가 답을 제공한다. 계산하
는 법을 배울 필요도 없다. 버튼을 누르면 기계가 계산을 해준다. 진가
眞價보다는 효율성이란 관점에서 생각하기 때문에 격식을 따지지 않는
것이 점차 일반적으로 용인되고 있다. 옷을 입는 목적이 단순히 몸을
가리기 위한 것이라면 굳이 넥타이를 맬 필요가 없다. 음식을 먹는 이
유가 배를 채우고 영양분을 공급하기 위한 것일 뿐이라면 제일 좋은
고기, 버터, 채소를 찾을 이유가 없다.

하지만 세상의 현실은 21세기 세상이 채택한 생활 방식이상의 것이다. 즐거움은 값싼 것이 되었고 기쁨은 경시되고, 행복은 컴퓨터화 되어 버렸다. 전사의 목적은 현실의 현재성을 되찾는 것으로 이렇게 해서 단순함을 상실하지 않고, 세상과의 관계를 파괴하지 않고도 앞으로 나아갈 수 있게 된다. 앞장에서는 과거의 지혜와 현재의 도전을 잇는 방법으로써 현재성의 중요성에 대해 이야기했다. 이번 장에서는 현재의 바탕을 발견하는 법에 대해 이야기하려고 한다. 지금 이 순간을 재발견하기 위해서는 우리의 근원, 본원적인 경지를 되돌아보아야 한다. 이 경우 되돌아본다는 것은 수 천 년 전으로 돌아가서 과거를 뒤돌아보는 것이 아니다. 이는 역사와 사고가 생성되기 이전, 생각조차 일어나기 이전의 우리 자신의 마음을 되돌아보는 것이다. 이런 본원적인 마음과 연결되면 과거와 미래라고 하는 환상 때문에 당황하는 법이 절대 없다. 우리는 지금 이 순간에 늘 안주할 수 있다.

존재 본연의 상태는 본원적인 우주의 거울에 비유할 수 있다. '본원적'이란 어떤 환경에 의해 야기되지 않는 절대성을 뜻한다. 본원적인 것은 어떤 상황을 지지하거나 반대하는 반응이 아니다. 모든 조건은 절대성에서 비롯된다. 만들어진 모든 것들은 처음에는 만들어지지 않은 것에서 비롯된다. 어떤 것에 조건이 주어지면 이는 이미 만들어졌거나 형성된 것이다. 영어에서는 생각이나 계획을 세우는데 대해 이야기하거나 "조직을 어떻게 형성하는가?"라고 말할 수도 있고, 구름의 형성에 대해 이야기를 할 수도 있다. 이에 반해서 절대적인 것은 형성과 창조로부터 벗어난 것이다. 이런 절대적인 상태는 원시적인 거울에 비유되는 데 그 이유는 거울처럼 이 상태에서는 조잡한 것에서부터 미려한 것에 이르는 모든 것들을 반영하면서도 본연의 상태를 여전히 유지하기 때문이다. 우주의 거울이라고 하는 기본적인 평가 기준은 아주 광대한 것으로, 죽음과 치유, 희망과 두려움 등 그 어느 것에도 치우침이 없다.

우주적 거울의 존재를 되돌아보고 이를 체험하는 방법은 마음의 긴장을 푸는 것이다. 이 경우 긴장을 푼다는 것은 서양 세계에서 드러누워서 일은 하지 않고 휴가를 내서 즐기는 것과는 아주 다르다. 여기서 말하는 긴장 풀기는 일상적으로 우리를 속박하는 걱정, 생각, 우울 등을 벗어버리는 마음의 휴식을 의미한다. 지금 이 순간에 마음의 긴장을 푸는 방법은 명상수행을 하는 것이다. 제1부에서 어떻게 명상수행이 닫힌 마음과 사적인 영역을 벗어나는 것과 연계되어 있는 지를 살펴보았다. 명상에서는 자신의 체험을 '찬성'하지도 '반대'하지도 않는다. 즉 어떤 생각들은 칭찬하고 그 밖의 것들을 비판하는 것이 아니라 편견이 없는 방법을 취한다는 것이다. 비판하지 않고 모든 것들을 있는 그대로 존재하게 하고, 이렇게 해서 스스로 존재하는 법, 개념을 벗어나 나라는 존재를 직접적으로 표현하는 법을 배운다. 이것이 우주적 거울의 현재성을 체험할 수 있게 해 주는, 이상적인 상태의 휴식이다. 이것이 바로 우주적 거울의 체험이다.

마음의 휴식을 취할 수 있으면 ― 구름을 바라보고 휴식을 취하고, 빗방울에 휴식을 취하면서 이들의 순수함을 체험할 수 있으면 ― 있는 그대로의 사물 속에 꾸밈없이 존속하는 현실의 절대성을 이해하게 된다. "이건 내게 좋은 것 또는 나쁜 것이다.", "이건 받아들일 수 있겠다."라거나 "이건 받아들일 수 없다."라고 말하지 않고 사물을 바라볼 수 있다면 우주적 거울의 존재 즉 우주적 거울의 지혜를 체험하는 것이다. 윙윙거리는 파리, 눈송이, 물결, 검은 거미를 본다. 어떤 것을 보더라도, 이 모든 것들을 단순하고 평범하지만 감사할 줄 아는 인식을 통해 바로 바라볼 수 있다.

우리는 전개되는 무한한 인식의 세계를 체험한다. 소리, 광경, 맛, 느낌 등은 무수히 존재한다. 인식의 세계는 그야말로 무한하여 인식 그 자체는 원시적이고 생각도 할 수 없는, 생각을 벗어난 것이다. 상상을 초월하는 수많은 인식이 존재한다. 수없이 많은 소리가 존재한다. 우리가 전혀 들어 본적이 없는 소리들도 있다. 한 번도 본 적이 없는 광경이나 색들도 존재한다. 이전에 체험해보지 못한 느낌들도 있다. 인식의 세계는 끝이 없다.

여기서 인식이란 단순히 인지가 아니라 완전한 인식 행위 즉 의식과 감각기관 그리고 감각의 세계 또는 인식의 대상과의 상호작용을 말한다. 감각적인 인식이 세속적인 욕망을 불러일으키기 때문에 좋지 않은 것으로 간주하는 종교도 있다. 그러나 종교적이라기 보다는 세속적 전통인 샴발라 전통에서는 감각적인 인식을 성스런 것이자 근본적으로 좋은 것이라 간주한다. 이는 인간이 지니고 있는 선천적인 능력, 타고난 재능이다. 이들은 지혜의 원천이다. 보지 못하고, 소리도 듣지 못하며, 음식 맛도 볼 수가 없다면 현상 세계와 교통할 수 있는 방법이 전혀 없다. 그러나 엄청나게 광대한 인식 때문에 시각의 세계, 음성의 세계 등 심오한 세상, 더 큰 세상과 교통할 수 있는 가능성이 존재한다.

달리 말하면, 우리의 감각 기능들이 한층 더 심원한 인식을 가능하게 해준다. 나라는 존재 안에는 일상적인 인식을 벗어난 초음성, 초미각, 초감각이 존재한다. 이들은 깊은 명상수행을 닦음으로써 체험할 수 있는 것인데 이런 수행은 모든 혼돈이나 흐림을 깨끗이 정화하고 명료함과 선명함 그리고 인식이란 지혜 — 지금 이 순간의 세상 — 를 일깨워 준다. 명상에서는 날숨과 들숨을 명료하게 체험할 수 있다. 호흡을 온몸으로 느낀다. 참으로 기분이 좋다. 숨을 천천히 내쉰다. 아주 명료하고 편안하다. 너무나 편안해서 일상적인 일들이 문제가 되지 않는다. 이처럼 명상수행은 말하자면 초자연적인 것을 일깨워 준다. 귀신을 본다거나 텔레파시 능력을 갖게 되는 것이 아니라 우리의 인식이 초자연적이 되는 것이다.

보통 우리는 인식의 의미에 한계를 둔다. 음식은 먹는 것을 상기시켜 주고, 먼지는 집 청소를 상기하게 하고, 눈은 출근하기 위해 차에 쌓인 눈을 치워야 한다는 것을 상기시키고, 얼굴은 사랑이나 미움을 생각나게 한다. 달리 말해 우리는 보는 것을 편안하고도 친숙한 틀에 맞춘다. 형상에 대한 나 자신의 해석에 집착함으로써 마음으로부터 모든 광대함과 더욱 깊이 있는 인식의 가능성을 차단한다. 그러나 개인적인 해석을 초월해서 인식이라는 매개를 통해 광대함을 마음속으로 불러들일 수 있다. 우리는 언제나 선택을 할 수 있다. 인식을 제한하여 광대함을 차단할 수도 있고 광대함을 받아들일 수도 있다.

광대함의 힘과 깊이를 개개의 인식으로 끌어내리게 되면 우리는 마법을 발견하고 불러내게 된다. 마법이라고 해서 현상세계를 뛰어넘는 예외적인 능력을 뜻하는 것이 아니라 있는 그대로의 세상에 존재하는 본원적, 원초적인 지혜의 발견을 의미한다. 우리가 발견하는 지혜는 시작이 없는 지혜, 본원적 지혜, 우주적 거울의 지혜이다. 티베트어에서는 이런 존재의 신비한 특성 또는 본원적인 지혜를 드랄라drala라고 한다. 드라dra는 '적' 혹은 '반대자'를 뜻하고 라la는 '초월하여'라는 의미이다. 따라서 드랄라는 말 그대로 '적을 초월하는', '적을 뛰어 넘는'이라는 의미이다. 드랄라는 이원성을 초월하는 세상의 절대적인 지혜이며 힘이다. 따라서 드랄라는 모든 적과 갈등을 초월하는 것이다. 공격성을 뛰어 넘는 지혜이다. 우리들과 우리들의 인식세계를 통해 반영되는 우주적 거울의 자존自存하는 지혜이며 힘이다.

드랄라의 원리를 발견하는 중요한 요소의 하나는 인간의 지혜가 있는 그대로의 사물이 지닌 힘과 별개의 것이 아님을 깨닫는 것이다. 둘 다 우주적 거울의 절대적인 지혜를 반영하는 것이다. 따라서 나와 세상 사이에는 어떤 본질적인 분리나 이원성이 존재하지 않는다. 이 둘을 하나로 동시에 체험할 수 있게 되면 세상에 존재하는 굉장한 비전과 힘에 다가가게 되고 이들이 본원적으로 나 자신의 비전, 나라는 존재와 연계되어 있음을 발견한다. 이것이 바로 마법을 발견하는 것이다. 우리는 여기서 지적인 계시에 대해 이야기하는 것이 아니다. 실질적인 체험에 대해 이야기하고 있는 것이다. 우리가 실제로 어떻게 현실을 인식하는지를 이야기하고 있다. 드랄라의 발견은 특별한 냄새, 아름다운 소리, 눈부신 색깔, 특이한 맛 등에서 비롯될 수도 있다. 어떤 인식이든 우리를 올바르게, 온전하게 현실과 하나가 되게끔 해줄 수 있다. 우리가 체험하는 것이 반드시 좋은 것이어야만 하는 것은 아니다. 우리는 존재하는 모든 것들의 가치를 인식한다. 만물에는 생동하는 마법의 원리가 존재한다. 만물에는 실재하고 생동하는 무엇인가가 꿈틀거리고 있다.

어린이들을 위해 쓴 많은 이야기와 시들은 단순한 인식이라는 마법을 불러일으키는 체험을 묘사하고 있다. 앨런 알렉산더 밀느A. A. Milne의 『이제 우리는 여섯 살Now We Are Six』에 실려 있는 「창가에서 기다리며Waiting at the Window」가 그 한 예이다. 이는 비오는 날 창밖을 내다보며 빗방울이 떨어져 창문에 무늬를 짓는 것을 몇 시간동안 지켜본다는 시이다. 이 시를 읽으면 우리는 창문과 비 오는 날, 그리고 창문에 얼굴을 갖다 대고는 빗방울을 바라보는 어린이의 얼굴을 보게 된다. 『어린이 시집A Child's Garden of Verse』에 실려 있는 로버트 루이스 스티븐슨Robert Louise Stevenson의 시들도 마찬가지로 아주 평범한 체험들을 사용해서 심원한 인식을 전하고 있다. 「내 그림자 My Shadow」, 「나의 왕국My Kingdom」, 「화염 속의 군인들Armies in the Fire」이 좋은 예들이다. 본질적인 세상의 광대함은 말로 직접 표현할 수는 없지만 아동 문학에서는 이런 광대함을 꾸밈없이 표현하는 것이 흔히 가능하다.

생텍쥐페리의 『어린 왕자The Little Princess』도 평범하지만 본질적인 신비감을 불러일으키는 문학작품의 또 다른 좋은 예이다. 이야기 속의 어느 시점에 어린 왕자는 여우를 만난다. 외로운 왕자는 여우가 함께 놀아 줄 것을 원하지만 여우는 길들여지기 전에는 놀아줄 수가 없다고 말한다. 어린 왕자는 '길들이다'라는 말이 무슨 뜻인지를 묻는다. 여우가 어린 왕자에게 유일한 존재가 되고 어린 왕자는 여우에게 유일한 존재가 되는 그런 '관계를 맺는 것'을 의미한다고 설명한다. 여우는 길들여지고 난 다음에, 자신의 비밀, 아주 단순한 비밀이라고 부르는 것을 왕자에게 말해주는데, 이는 '마음으로 보아야만 제대로 볼 수가 있다. 중요한 것은 눈에는 보이지 않는' 것이다.

생텍쥐베리는 여기서 마법 즉 드랄라의 발견을 묘사하는 독특한 단어를 쓰고 있지만 이 체험은 근본적으로 동일한 것이다. 드랄라의 발견은 모든 인식이 특별한 것이 되게끔 자신의 세상과 관계를 맺는 것이다. 이는 마음으로 보는 것으로 이렇게 되면 눈에 보이지 않는 것도 현실이라는 생동하는 마법으로 볼 수 있게 된다. 수 없이 많은 인식이 존재하지만 이들은 여전히 하나이다. 초 하나를 보면 온 세상의 초가 어떻게 생겼는지를 정확하게 안다. 이들은 모두 불과 불꽃으로 이루어진 것이다. 한 방울의 물을 보는 것은 모든 물을 보는 것이다.

드랄라는 하나의 실체라고 할 수 있다. 완전히 신의 경지에 든 것은 아니지만 이는 실제로 존재하는 개별적인 능력이다. 그래서 드랄라의 원리뿐 아니라 드랄라와의 만남에 대해서도 이야기를 하는 것이다. 드랄라는 — 물 속의 물, 불 속의 불, 땅 속의 땅 — 현실을 구성하는 요소들, 즉 현실의 본질적인 속성과 우리를 연결시켜주는 모든 것, 심원한 인식을 우리에게 일깨워주는 모든 것들이다. 바위, 나무, 산, 눈송이, 먼지 덩어리에는 드랄라가 존재한다. 모든 사물, 살아가면서 겪는 모든 일들이 바로 현실의 드랄라이다. 세상의 본질적인 속성과 하나가 되면 우리는 즉석에서 바로 그 순간에 드랄라를 만나게 된다. 이는 본래 존재하는 것으로 누구든지 체험할 수 있다. 우리는 언제나 마법을 발견할 수 있다. 중세기이든 21세기이든지 마법의 가능성은 언제나 존재한다.

개인적인 경험으로 내가 드랄라를 체험하게 되는 특별한 예가 바로 꽃꽂이다. 내가 찾아 낸 가지는 어느 것도 볼품없는 것으로 버려지지 않는다. 뭐든지 다 사용할 수 있다. 상황 속에서 이들의 자리를 발견하는 법을 배워야 한다. 이것이 바로 요점이다. 따라서 어떤 것도 거부하지 않는다. 이것이 현실의 드랄라를 만나게 되는 방법이다.

드랄라의 에너지는 태양과 같다. 하늘을 쳐다보면 그곳에 태양이 있다. 태양을 보는 것으로 새로운 태양을 만들어 낼 수는 없다. 쳐다보는 것으로 오늘의 태양을 내가 만들어 낸 것처럼 느낄 수도 있지만 태양은 그곳에 영구히 존재하는 것이다. 하늘의 태양을 발견하게 되면 우리는 태양과 교통을 시작한다. 우리의 눈은 태양 빛과 교통하기 시작한다. 마찬가지로 드랄라의 원리는 언제나 그곳에 존재하는 것이다. 드랄라와의 교통에 관심을 기울이든 말든, 현실의 신비한 힘과 지혜는 언제나 그곳에 존재한다. 이 지혜는 우주의 거울 안에 존재한다. 마음의 긴장을 푸는 것으로 순수하고 꾸밈없는 이런 원초적인, 근본적인 바탕과 다시 만날 수가 있다. 이로부터, 우리의 인식이라는 매개를 통해 마법 즉 드랄라를 발견할 수 있다. 우리는 자신의 고유한 지혜와 나를 초월하는 더 큰 지혜와 비전을 실제로 연결할 수가 있다.

마법을 발견하면 뭔가 특별한 일이 생길 것이라 생각한다. 특별한 일이 실제로 일어나는데 이는 우리가 절대적인 현실, 완전한 현실세계 속에 존재하는 자신을 발견하게 되는 것이다.

13

● 마법을 불러내는 법 ●

우리의 부드러움과 면밀함을 우리 주위에 발현시키면 찬란한 빛과 힘
이 그 자리로 들어올 수 있다. 자아로부터 이런 상태를 스스로 지어
내는 것은 절대 불가능하다. 이 세상의 힘과 마법은 우리가 소유할
수 있는 것이 아니다. 이는 언제나 손에 넣을 수는 있지만 누구에게
도 속하지 않는다.

인간이 체험하는 현상계는 변덕스럽고 융통성이 있으면서도 무자
비하다. 우리는 때로 이런 변덕스럽고 무자비한 상황을 몰고 갈 수 있
을 지 아니면 이에 몰려 갈 것인지 의구심을 가진다. 비유를 하자면 우
리가 나귀를 타고 가던가 아니면 나귀가 우리를 타고 가는 것이다. 우
위를 차지하려고 애를 쓰면 쓸수록, 장애를 극복하기 위해 속도와 공
격성을 야기하면 할수록, 우리는 현상계에 더 묶이게 된다. 진짜 도전
은 이런 이중성을 완전히 초월하는 것이다. 이중성과 공격성을 벗어난
에너지 ─ 나를 위한 것도 아니고 나를 거스르지도 않는 에너지 ─ 와
접하는 것은 가능하다. 이것이 바로 드랄라의 에너지이다.

드랄라는 신神도 신령도 아니지만 근본적으로는 나 자신의 지혜와

있는 그대로의 사물의 에너지를 연결시켜 주는 것이다. 이 두 가지를 연결할 수 있으면, 이로부터 모든 것에 존재하는 마법을 찾을 수 있다. 하지만 이런 연결을 가능하게 하는 것이 무엇인가에 대한 의문이 여전히 존재한다. 지난 장章에서 드랄라의 원리를 태양에 비유했다. 태양은 언제나 하늘에 존재하기는 하지만 우리로 하여금 위를 쳐다보아 태양이 거기에 있음을 알게 해주는 것은 무엇인가? 마법은 언제나 손에 넣을 수 있는 것이지만 이를 발견하게끔 해주는 것은 무엇일까? 드랄라의 기본 정의는 '공격성을 초월한 에너지'이다. 이 에너지를 접하게 되는 유일한 방법은 내면에 존재하는 부드러움을 체험하는 것이다. 따라서 드랄라의 발견은 우연한 것이 아니다. 현실 속의 본질적인 마법을 만나기 위해서는 내면에 부드러움과 열린 마음이 이미 존재하고 있어야 한다. 그렇지 않으면 세상에 존재하는 비폭력의 에너지, 드랄라의 에너지를 인식할 수 있는 방법이 없다. 따라서 샴발라 전사의 개별적인 훈련과 수양은 드랄라를 체험하는데 반드시 필요한 바탕이다.

자신에 대한 두려움과 죽음에 대한 두려움을 바탕으로 하는 석양의 세계는 드랄라의 원리와는 전혀 관계가 없다. 비겁함과 공격성이라는 석양 세계의 관점은 신비로운 가능성, 즉 순수하고 눈부신 현실의 속성을 체험할 수 있는 가능성을 배제한다. 석양세계의 관점과는 반대로, 드랄라를 불러일으키는 방법은 위대한 동쪽의 태양이라는 비전을 발현해내는 것이다. 앞서서 논의한 바 있는 위대한 동쪽의 태양이란 비전은 오만이나 공격성이 아니라 부드러움과 열린 마음을 바탕으로 하는 참된 인간 선의 표현이다. 이것이 바로 전사의 길이다.

이 길의 본질은 비겁을 극복하고 용기를 발휘하는 것이다. 이것이 용기를 발현함으로써 드랄라를 불러일으키는 유일한 최상의 방법이다. 앞서서 우리는 용기의 속성에 대해 이미 논한 바 있다. 용기의 근본적인 특성은 속임이 없는 상태이다. 이 경우 속임이란 자기기만, 즉 자신을 불신하여 동쪽의 태양이란 비전으로부터 유리되는 것이다. 토대를 제대로 준비해야만 드랄라는 나를 통해 강림할 수가 있다. 만약 조금이라도 속임이 존재한다면, 드랄라는 사라진다. 이런 관점에서 속임은 석양의 마법이다.

보통 어떤 사람이 용감하다고 한다면 이는 그가 어떤 적도 두려워하지 않거나 대의를 위해 목숨을 희생할 용의가 있다거나 겁을 내는 법이 절대로 없다는 뜻이다. 용기에 대한 샴발라의 인식은 이와는 판이한 것이다. 여기서 용기란 어떤 속임도 없이 남들을 위하는 한없는 애정과 배려를 가지고 이 세상을 살아가는 용기이다. 어떻게 이것이 우리의 삶에 마법을 가져다주는지에 대해 의구심을 가질 수도 있다. 마법에 대한 일상적인 생각은 흙을 불로, 불을 물로, 또는 중력의 법칙을 무시하고 날아갈 수 있도록 자연을 정복한다는 것이다. 그러나 참된 마법은 있는 그대로의 현실의 마법이다. 흙은 흙, 물은 물. 자연과 교통하는 것은 어떤 의미에서 보면 자연이 나와 하나가 되는 것이다. 용기를 키우게 되면 우리는 존재의 본질적인 속성을 접하게 된다. 용기는 우리 삶을 향상시켜 주는데, 다시 말해, 주변 환경과 나라고 하는 존재의 순수하고 눈부신 속성을 발현하게 해준다. 따라서 현실 속의 마법 ─ 어떤 의미에서는 그곳에 이미 존재하고 있는 ─ 과 접하게 된다. 우주의 거울로부터 파생되는 에너지와 힘과 원초적인 지혜를 실제로 끌어들일 수가 있다.

이 시점에서 우리의 모든 활동에 드랄라의 원리가 반영되도록 주변 환경에 영향을 끼칠 수 있는 법을 이해하게 된다. 마법, 즉 드랄라를 끌어들여 이 세상에 빛과 기품을 발현할 수 있도록 우리의 삶을 조직할 수 있음을 알게 된다. 이렇게 하는 방법은 세 부분으로 나누어져 있는데 이것이 드랄라를 불러일으키는 세 가지 방법이다.

첫 번째는 외적 드랄라를 불러일으키는 것, 즉 물리적인 환경 속에서 마법을 불러일으키는 것이다. 물리적인 환경은 원룸 아파트처럼 작고 제약된 것일 수도 있고 맨션이나 호텔처럼 큰 것일 수도 있다. 이런 공간을 조직하고 관리하는 방법은 아주 중요하다. 만약 이 공간이 지저분하고 혼란스럽다면 어떤 드랄라도 이런 환경 속에는 들어오지 않을 것이다. 그러나 내부 장식에 관한 공부를 하고 '전형적인 환경'을 꾸미기 위해 가구나 카페트에 많은 돈을 들이는 것을 얘기하는 것은 아니다. 전사에게 있어 외적 드랄라를 불러일으키는 것은 세부사항에 대한 인식과 주의를 함양할 수 있도록 자신의 주변 환경 속에서 조화를 이루는 것이다. 이렇게 해서 물리적 환경이 전사의 원리를 향상시켜준다. 그 외의 물리적 공간의 조직은 남들에 대한 관심, 즉 배려하는 환경을 만들어서 자신의 세상을 함께 나누는 것을 바탕으로 해야 한다. 요지는 자신에 관한 선언을 하는 것이 아니라 나의 세상을 남들을 위해 여는 것으로 그러면 다른 일들도 가능하게 된다. 우리의 부드러움과 면밀함을 우리 주위에 발현하면 찬란한 빛과 힘이 그 자리로 들어

올 수 있다. 자아로부터 이런 상태를 스스로 지어내는 것은 절대 불가능하다. 이 세상의 힘과 마법은 우리가 소유할 수 있는 것이 아니다. 이는 언제나 손에 넣을 수는 있지만 누구에게도 속하지 않는다.

외적 드랄라를 불러일으키는 예는 무수하다. 한 예로 남서부의 아메리카 인디언들의 일부는 사막의 모래에 채소를 재배한다. 객관적인 관점에서 보면 이 토양은 완전한 불모지이다. 이 땅에 한줌의 씨를 뿌리기만 해서는 아무 것도 자라지 않는다. 그러나 인디언들은 이 땅을 수 세대에 걸쳐 경작해왔다. 이들은 이 땅과 깊은 관계를 지니고 있으며 이를 보살핀다. 이들에게 이 땅은 성스런 토지이며 바로 그 때문에 인디언들의 식물은 자란다. 이것이 진짜 마법이다. 주변 환경을 성스럽게 보는 태도가 드랄라를 가져온다. 바닥도 없고 창문이 하나뿐인 움막에서 살고 있기는 하지만 이 공간을 성스럽게 여기고 지성을 들여서 관리한다면 이는 궁전이 될 것이다.

성소라는 개념도 샤르트르와 같은 대성당 또는 영국 국회 의사당과 같은 정부 의사당에 위엄을 부여한다. 교회는 의도적으로 성소로 지어진 것인 반면 정부 의사당은 건축가가 '성스런' 것으로 간주하지는 않았을 것이다. 그렇다고 하더라도 이들은 건물의 구조나 건물을 짓는 데 사용한 자재들의 아름다움을 넘어서는 기품을 지니고 있다. 이들은 우리가 느끼지 않을 수 없는 특별한 분위기를 자아낸다.

그리스와 로마인들은 외적 드랄라에 대한 어느 정도의 이해를 가지고 도시를 계획했다. 광장이나 십자로의 중앙에 분수를 둔 것이 임의적인 선택이라고 할 수도 있다. 하지만 이 분수를 우연히 접하게 되면 전혀 임의적이라고 느껴지지 않는다. 있어야 할 자리에 있으며 주변의 공간을 강화해 준다. 현대에 와서는 로마인들의 온갖 방탕과 타락으로 인해 이들을 크게 존중하지는 않는다. 우리는 로마 문화의 지혜를 격하하는 성향이 있다. 말할 것도 없이, 부패는 드랄라를 모른다. 하지만 로마 문명에는 우리가 간과해서는 안 되는 상당한 힘과 지혜가 존재했다.

요약하면 외적 드랄라를 불러일으키는 원리는 우리의 주변 환경을 조직하여 성스런 공간이 되게끔 만드는 것과 연계되어 있다. 이는 우리의 개인적인 가정환경의 조직에서 시작하여 이를 넘어서는 도시나 심지어는 국가와 같은 더 큰 환경을 포함하게 된다.

이렇게 되면, 내적 드랄라의 발원이 있게 되는데 이는 우리 신체 속의 드랄라를 불러일으키는 방법이다. 본질적으로 내적 드랄라의 체험은 신체의 일체감, 즉 머리, 어깨, 몸체. 팔, 생식기, 무릎, 다리, 발가락 등이 본질적으로 완전한 하나의 인체로 결합되어있다는 일체감을 자각하는 것이다. 머리와 어깨, 발가락과 다리 등이 서로 반목하지 않음을 깨닫는다. 머리가 백발이 되거나 얼굴에 주름이 진다거나 손이 떨린다거나 하는 것은 문제가 되지 않는다. 여전히 우리 신체는 나름의 가치와 조화를 지니고 있음을 인식한다. 보면서 듣고, 들으면서 냄새를 맡고, 냄새를 맡으면서 느낀다. 우리의 모든 감각인식이 본질적인 선, 본질적인 건강의 발현이라는 하나의 단위로 작용한다.

자신의 개인적인 습관과의 관계 즉 입고, 먹고, 마시고, 자는 일상을 다루는 방법을 통해서 우리는 내적 드랄라를 불러일으킨다. 한 예로 옷을 들 수 있다. 전사에게 있어 옷은 수양의 갑옷을 제공하는데 이는 석양세계의 공격을 막아준다. 자신을 훌륭한 전사로 드러내는 것을 두려워하여 옷 뒤에 숨는 것이 아니라 잘 맞는 적절한 옷을 입을 때 우리의 의복은 변덕스러움을 없애고 놀라운 기품을 가져다준다.

가끔, 입고 있는 옷이 몸에 잘 맞을 때 조이는 것처럼 느낄 때가 있다. 옷을 차려입을 때 넥타이를 매거나 정장을 하거나 타이트한 치마나 드레스를 입으면 갑갑함을 느낄 수도 있다. 내적 드랄라의 발원이란 변덕스러움의 유혹에 굴복하지 않는 것이다. 이따금씩 목, 사타구니 또는 허리에서 오는 불쾌함은 대개 좋은 신호이다. 이는 옷은 우리 몸에 잘 맞는데 우리의 정신상태가 옷에 잘 맞지 않는다는 뜻이다. 현대적인 복장은 대체로 자유롭고 격식을 차리지 않는다. 이것이 폴리에스터로 만들어진 캐주얼 정장의 매력이다. 정장을 하면 부자연스럽게 느껴진다. 넥타이나 웃옷 또는 신발을 벗어버리고 싶어진다. 그리고는 아무 일도 하지 않고 책상 위에 발을 올려놓고 마음대로 행동하면서 자신의 마음도 동시에 자유롭게 움직일 것이라 기대한다. 그러나 이 시점에서 우리의 마음은 새어 나가기 시작한다. 새기 시작하면 온갖 종류의 쓰레기가 마음에서 일어난다. 이런 부류의 휴식은 참된 자유를 제공하지 않는다. 따라서 전사에게 있어, 몸에 잘 맞는 옷을 입는 것은 갑옷을 입는 것으로 간주된다. 어떻게 옷을 입느냐가 실제로 영감과 기품을 불러일으킬 수 있다.

음식과 적절한 관계를 맺는 것, 즉 음식에 대해 관심을 가짐으로써 내적 드랄라를 불러일으킬 수도 있다. 최고의 특별한 음식을 구하러 여기저기를 돌아다녀야 한다는 뜻은 아니다. 하지만 시간을 들여서 영양가가 있는 좋은 음식을 장만하고, 요리를 하고, 먹고, 설거지를 하고 남은 음식을 치우는 일을 즐겁게 해낸다. 이 외에도 우리가 입을 사용하는 방법에 대한 자각만으로도 내적인 드랄라를 불러일으킬 수 있다. 음식을 입으로 취하고, 음료수를 입으로 마시고, 담배도 입으로 피운다. 마치 입이 커다란 구멍이거나 큰 쓰레기통이라도 되듯이 우리는 모든 것을 입을 통해 취한다. 입은 가장 큰 통로이다. 입으로 말하고 입으로 울고, 입으로 입맞춤을 한다. 입이 일종의 우주의 통로가 될 정도로 우리는 입을 많이 사용한다. 화성인들이 우리를 지켜보고 있다고 상상해보자. 이들은 우리가 입을 얼마나 많이 사용하는 가에 놀랄 것이다.

내적 드랄라를 불러일으키려면 우리가 입을 사용하는 법에 주의를 기울여야 한다. 우리가 생각하는 것처럼 입을 그렇게 많이 사용할 필요가 없다. 자신의 세계를 즐긴다고 해서 눈에 들어오는 모든 것을 항상 소비해야 한다는 것은 아니다. 음식을 먹을 때는 천천히, 적당한 양을 먹는데 그러면 우리가 먹는 음식을 즐길 수 있다. 말을 할 때는 마음속에 있는 모든 것들을 쉬지 않고 외쳐댈 필요는 없다. 해야 할 말은 부드럽게 하고는 멈춘다. 다른 이들도 말할 수 있게 해주고 침묵을 즐길 수도 있다.

내적 드랄라의 발원이란 기본적인 개념은 나의 신체와 현상계와의 관계를 조정하거나 조화를 이룰 수 있다는 것이다. 이런 조화나 연계성은 우리가 실제로 볼 수 있는 것이다. 찻잔을 집어 드는 법, 담배를 피우는 법, 손으로 머리를 쓸어 올리는 방식 등 사람들의 행동 방식을 통해 이들의 내적 드랄라와의 관계를 알 수 있다. 우리가 하는 모든 행동은 언제나 ─ 자신에 대한 애정 또는 분노와 화, 주변 환경에 대한 만족 또는 불만 등 ─ 자기 자신과 주변 환경에 대한 우리의 감정을 나타낸다. 이는 우리의 걸음걸이나 몸짓을 통해 언제나 드러난다. 마치 우리가 현상계와 일체이기라도 한 것처럼 말이다. 샤워를 하기 전에 수도꼭지를 트는 방식, 이빨을 닦는 방식 등 사소한 모든 일들이 나 자신의 세상과의 관계 또는 단절을 반영한다. 이런 관계가 완전히 조화를 이루게 되면 우리는 내적인 드랄라를 체험한다.

마지막으로 신비로운 드랄라의 발원이라고 불리는 것이 있는데 이는 외적인 드랄라와 내적인 드랄라의 원리를 불러일으킨 결과이다. 우리 주변에 성스런 공간을 만들었고 신체는 더없이 아름답고 완벽하게 조화를 이루고 있어서 그 결과로 우리는 큰 깨달음, 지금 이 순간을 마음속에서 체험할 수 있다.

'놓아 버리기'에 관한 장에서는 바람의 말windhorse 또는 본질적인 선의 에너지를 부린다는 개념을 소개했다. 바람의 말이란 티베트어 '룽타lungta'를 번역한 것이다. 룽lung은 '바람'을, 타ta는 '말馬'을 뜻한다. 신비스러운 드랄라를 불러일으키는 것은 바람의 말, 즉 기쁨과 위력의 바람을 불러내어 이 에너지를 부리거나 길들이는 체험이다. 이런 바람은 나무와 건물을 파괴하고 바다에 거대한 파도를 일으킬 수 있는 태풍처럼 대단한 위력을 지니고 온다. 이런 바람을 개인적으로 체험하는 것은 현 순간에 전적으로 견고하게 존재한다는 인식으로 다가온다. 말이란 측면은 이런 대단한 바람의 위력에도 불구하고 확고함을 느낄 수 있다는 것이다. 삶의 혼란으로 인해 동요하는 법이 결코 없으며 흥분이나 실의로 인해 흔들리지도 않는다. 내 삶의 에너지를 부릴 수 있다. 따라서 바람의 말은 순전한 움직임이나 속도일 뿐만이 아니라 자연스러운 능력, 즉 실용성과 분별력도 포함한다. 룽타의 이런 속성은 견고함을 제공하고 균형을 잡아주는, 말의 네 다리와 같은 것이다. 물론 이 경우 우리가 타고 있는 것은 평범한 말이 아니다. 바람의 말을 타고 있는 것이다.

외적인 드랄라와 내적인 드랄라의 원리를 불러일으킴으로써 우리는 삶에 에너지와 기쁨의 바람을 일으킨다. 자신의 존재를 통해 발현되는 자연스러운 힘과 활기를 느끼기 시작한다. 문제라든가 망설임이라고는 전혀 없다. 따라서 바람의 말을 불러내어 신비로운 드랄라를 불러일으키게 되어 무의식적인 잡담, 망설임과 불신으로부터 자유로운 마음을 체험한다. 마음의 바로 현재 이 순간을 체험한다. 이는 신선하고, 활기가 넘치며 순결하다. 이런 순간은 순수하고 참된 것이다. 의혹이나 불신은 전혀 담고 있지 않다. 이는, 긍정적인 의미에서. 순박하며 그야말로 신선한 것이다. 신비로운 드랄라는 현재성의 핵심인 마음의 바로 이런 순간을 체험하는 것이다. 있는 그 자리에서 상상을 초월하는 우주적 거울의 비전과 지혜와 내가 연결될 수 있음을 실제로 체험하게 된다. 동시에 이런 현재성의 체험이 과거 전통의 지혜와 현대 생활의 실상을 포함하는 광대한 원초적인 지혜와 하나가 될 수 있음을 깨닫는다. 이렇게 해서 전사의 성스런 세계가 창조되는 방법을 이해하게 된다. 다음 장에서는 이런 세계를 좀 더 자세히 살펴보고자 한다.

14

◉ 오만으로부터 벗어나기 ◉

오만과 공격성을 벗어나 완전히 온화해질 때 우리는 우주의 광채를 본다. 우주를 제대로 인식하게 된다.

앞장에서는 드랄라의 원리를 불러일으키는 방법을 논의했다. 본 장과 15장에서는 드랄라를 불러일으키는데 장애가 되는 것에 대해 논의하려고 하는데, 이는 내적 드랄라, 외적 드랄라 그리고 신비로운 드랄라를 불러일으키는 원리를 터득하기 이전에 반드시 극복해야 하는 것들이다. 드랄라의 발원에 있어 중요한 핵심 중의 하나는 온화함과 진실함이라는 바탕을 준비하는 것이다. 온화함의 기본적인 장애는 오만이다. 오만은 나와 남이라고 하는 틀에 집착하는데서 비롯된다. 전사의 원리와 위대한 동쪽의 태양이라는 비전을 습득하고, 지금 이 순간에 머무는 방법과 바람의 말을 일깨우는 방법에 대해 수많은 가르침을 받았더라도 이들을 자신의 개인적인 업적으로 간주한다면, 핵심을 제대로 이해하지 못한 것이다. 부드럽고 온화해지는 대신 아주 오만해진다. "나, 조지 스미스는 바람의 말을 일깨울 수 있으니 정말 자랑스럽다. 내가 중요한 것을 성취하게 되었으니 나는 대단한 사람이다."

샴발라에서는 신사를 '온화하고 오만하지 않은 사람'이라 정의한다. 옥스포드 영어사전에 의하면 신사에 대한 정의 중의 하나는 '무례하지 않고, 행동거지가 점잖으며, 교육을 철저하게 받은 사람'이다. 그러나 전사에게 있어 온화함은 단순한 공손함만이 아니다. 부드러움은 배려이다. 항상 남들에 대해 배려하는 것이다. 샴발라의 신사나 숙녀들은 예의바르고 진실한 사람들이다. 이들은 자기 자신은 물론 남들에게도 친절하다. 우리가 배우는 모든 의례나 예절 또는 훈련은 남들을 배려하기 위한 것이다. 만약 자신이 예절바르다고 한다면 우리는 자신을 아주 훌륭한 사람이라고 생각할 수도 있다. 나는 예의바르게 먹고 마시고 처신하는 법을 알고 있다. 그러니 나는 훌륭한 사람이지. 이는 요점을 벗어난 것이다. 주안점은 우리가 잘못된 식사예절을 지니고 있으면 이웃에게 폐가 되고, 이들이 또한 나쁜 식사예절을 배우게 되어 다른 사람들에게 불편을 끼치게 된다는 것이다. 우리가 제대로 교육을 받지 못해서 냅킨과 은수저를 제대로 사용하지 못한다면 이것이 다른 사람들에게 불편을 끼치게 된다.

예절바른 행동은 자기 자신을 공주나 왕자인양 여길 수 있도록 자신을 바꾼다는 의미는 아니다. 예절바른 행동의 주안점은 다른 사람들에 대한 존중을 표현하는 것이다. 따라서 우리의 행동거지에 조심해야 한다. 어떤 사람이 방으로 들어오면 인사를 하거나 일어나서 악수로 이들을 맞이해야 한다. 이런 의례는 남들에 대한 배려를 증진하는 방법과 관계가 있다. 전사의 원리는 남들을 위해 자신을 펼칠 수 있도록 자신을 단련하고 자기통제를 함양하는데 바탕을 두고 있다. 오만을 제거하기 위해서는 이 수련이 중요하다.

우리는 사회나 자신에 대한 위협이 외부에 존재한다고 여기는 성향이 있다. 어떤 적이 우리를 파멸시키지 않을까 두려워한다. 그러나 사회는 외부로부터의 침입이 아니라 내부로부터 파괴된다. 창과 자동소총으로 무장하고 우리를 죽이거나 학살하기 위해 오는 적을 상상할수도 있다. 실제로는 우리를 파멸시킬 수 있는 유일한 것은 우리 내부에 존재한다. 우리의 지나친 오만은 부드러움을 파괴한다. 부드러움이 파괴되면 깨어있을 수 있는 가능성이 파괴되고 그렇게 되면 상황에 따라 적절하게 남들을 도울 수 있는 직관적인 열린 마음을 활용할 수 없다. 우리는 오히려 극도의 공격성을 초래한다.

공격성은 우리가 앉아 있는 땅과 주변의 벽과 천장과 창문과 현관 등 토대를 모두 오염시킨다. 따라서 드랄라를 불러들일 수 있는 공간이 존재하지 않는다. 공간은 연기로 자욱하고 음울한 아편굴로 변하게 되고 드랄라는 "윽, 이런 곳에 누가 가고 싶어 할까? 누가 우리를 부르는 거야? 누가 속임수를 써서 우리를 부르는 거지?"라면서 전혀 오지 않을 것이다. 방이 나 자신과 자신의 생각만으로 가득 차 있다면 현명한 사람은 누구도 이런 공간에 관심을 가지지 않을 것이다. 나조차도 흥미를 느끼지 못할 것이다.

주변이 숨이 탁 막히고 오만한 남녀들로 가득 차 있을 때 드랄라는 물러난다. 그러나 비폭력, 오만으로부터의 자유, 그리고 겸허함의 화신인 전사가 이 방으로 걸어 들어온다면 어떤 일이 생길까? 이런 사람이 오만과 오염으로 가득 찬 음울한 방에 들어온다면 방안에 있던 이들은 기분이 나빠진다. 이들은 자신들의 속임에 동조하지 않는 사람이 들어 왔기 때문에 더 이상 장난이나 농담을 할 수 없다고 느끼게 될 것이다. 더 이상 석양세계의 농담을 하거나 바닥에 마음대로 드러누울 수가 없기 때문에 이들은 방에서 나가버린다. 전사는 홀로 그 방에 남아 앉아있다.

그렇지만 얼마 후 다른 무리의 사람들이 새로운 방, 청결한 환경을 찾아 걸어 들어올 것이다. 오만이나 공격성을 지니고 있지 않는 미소를 짓는 온화한 사람들이 모이기 시작한다. 주변 환경은 이 전의 석양 세계의 모임과는 아주 다르다. 아편굴보다는 조금 더 떠들썩할지는 모르지만 분위기는 즐겁고도 활기가 있다. 이렇게 되면 드랄라가 문과 창문을 통해 안을 기웃거리게 될 가능성이 있다. 관심을 가지게 되고 이어서 들어가기를 원해 하나씩, 하나씩 들어간다. 순수하고 청결하기 때문에 이들은 음식과 음료수를 받고 그 곳에서 긴장을 풀고 쉰다. 이런 공간에는 오만이 존재하지 않기 때문에 드랄라는 이에 합세해 이들의 큰 지혜를 함께 나누기 시작한다.

전사가 되기 위해 수련하는 이들은 드랄라와 실재가 존재하고 지혜를 배울 수 있는 가능성이 존재하는 환경을 체험하게 되면 이들은 산, 구름, 하늘, 햇빛, 나무, 꽃, 시내, 이따금씩 들리는 어린이들의 울음과 웃음소리를 제대로 인식할 수 있다. 이것이 바로 드랄라 발원의 요체 즉 실재를 완전하고도 정확하게 인식하는 것이다. 오만한 이들은 강렬한 붉은 색과 푸른색, 흰색과 오렌지색을 보지 못한다. 오만한 사람들은 자신에게 온통 마음을 빼앗기고 남들과 경쟁하느라 이를 쳐다보지도 않을 것이다.

오만과 공격성을 극복하고 완전히 온화해질 때 우리는 우주의 광채를 본다. 우주를 제대로 인식하게 된다. 섬세한 모양의 초록색 풀잎을 바로 인식하고 검은 색 더듬이를 지닌 구리빛이 살짝 도는 줄무늬 메뚜기를 제대로 인식할 수 있게 된다. 풀 위에 앉아 있는 모습이 너무나 아름답다. 가까이 다가가면 풀에서 훌쩍 뛰어 내린다. 이런 작은 것들이 무미건조한 광경이 아니다. 이들은 새로운 발견들이다. 매일 우리는 색다른 것들을 본다. 몇 년 전 내가 텍사스에 있을 때 메뚜기 무리를 본 적이 있었다. 이들은 제 각기 독특한 스타일에다 다양한 색으로 이루어진 줄무늬를 지니고 있었다. 자주색은 보지 못했지만 구릿빛, 녹색, 베이지색 그리고 간간히 붉은 반점이 있는 검은 색 메뚜기를 보았다. 어디를 가든, 어디를 보든지 세상은 너무나 흥미로운 것이다.

이 세상에 존재하는 것은 무엇이든 체험해 볼만한 가치가 있다. 오늘 어쩌면 눈이 올지도 모른다. 소나무에는 눈이 쌓여있고, 짙은 감청색을 전경으로 태양의 마지막 햇살을 받고 있는 산을 바라본다. 이런 자연의 세세한 모습을 보기 시작하면 우리는 드랄라의 원리가 이미 그곳에 존재하고 있음을 느끼게 된다. 현상세계의 아름다운 모습을 무시해서는 안 된다. 우리는 이 기회를 즉석에서 잡아야 한다. 드랄라 원리의 발원은 오만 없이, 우리가 지니고 있는, 지니고 있어야 하는 이런 매혹에서 비롯된다. 너무나 생생하고 너무나도 아름다운 우리들의 세상을 제대로 인식할 수 있다.

15

● 습관적인 행위로부터 벗어나기 ●

오만으로부터 벗어나고 습관적인 행위를 제거하는 과정은 그야말로
과감한 조치이다. 하지만 이 세상의 사람들을 돕기 위해서는 필요한
것이다.

이미 논의한 바 있듯이, 오만은 부드러움의 결여에서 비롯된다. 그러나
이를 넘어서 부드러움의 결여는 습관적인 행위에 의존하는데서 온다.
따라서 습관적인 행위도 드랄라를 불러일으키는데 장애가 된다. 습관
적인 행위에 집착함으로써 우리는 전사의 세계와 유리된다. 습관적인
행위는 반사작용과 아주 흡사하다. 우리는 충격을 받으면 당황하게 되
고, 공격을 받으면 방어를 한다. 좀 더 자세히 살펴보면 우리는 습관적
인 행위를 사용해 자의식을 숨긴다. 어색함을 느낄 때 우리는 자신의
이미지를 무마하기 위해 습관적인 행위를 한다. 어색함을 남들로부터
숨기기 위해 구실을 만들어 낸다. 심적 피로, 불안, 우리가 좋아하지 않
는 것들에 대한 불쾌감, 그리고 대부분의 우리 욕구들이 그렇듯이 우
리의 일상적인 감정적 반응은 대개 습관적인 행위를 반영하는 것이다.
자신을 봉쇄하고 강화하기 위해 우리는 습관적인 행위를 사용한다.

일본어에는 '호랑이 새끼'를 뜻하는 '토라노코toranoko'라는 흥미로운 용어가 있다. 이는 경멸을 내포하고 있는 말이다. 어떤 사람을 호랑이 새끼라고 부르는 것은 그 사람이 용감해 보이지만 실제로는 겁쟁이라는 의미이다. 이것은 습관적인 행동양식에 집착함을 나타내는 것이다. 자신이 겁장이임을 시인하는 미약한 시도를 할 수도 있다. 그럴듯한 말로, "난 그렇게 용감하지는 못해."라고 고백을 하지만 이런 고백조차도 자신의 그림자를 두려워하고, 뛰어 다니거나 다른 호랑이 새끼들과 노는 것을 두려워하는 뚱뚱한 호랑이 새끼, 즉 토라노코가 하는 말에 불과하다.

티베트어로 동물은 '투드로tudro'이다. 투tu는 '등이 굽은'이란 뜻이고 드로dro는 '걷기'를 뜻한다. 투드로는 네발을 가진 짐승으로 등을 굽히고 걷는다. 이들의 가장 민감한 감각기관은 코로서 이들은 냄새를 통해 세상을 헤쳐 나간다. 이것이 바로 동물적인 본능을 잘 나타내는 습관적인 행위를 정확하게 묘사하는 것이다. 습관적인 행위는 세 발짝 이상을 앞서 내다보지 못하게 만든다. 언제나 땅을 쳐다보지 화창한 푸른 하늘이나 산꼭대기는 쳐다보지 못한다. 빙하에서 솟아오르는 안개를 보고 미소를 짓고 기뻐할 수가 없다. 실재로 어깨 높이 이상의 것은 모두 당혹스러운 것이다. 이런 세계에서는 큰 비전이라고 하는 가능성은 생각조차 하지 못한다.

우리는 큰 비전을 체험하고 자기 향상을 통해 위대한 동쪽의 태양을 보는 방법을 지도받았다고 하더라도 습관적인 행위를 벗어나지 못하면 우리는 등을 굽히고 네발로 걷는 짐승으로 남게 될 것이다. 습관적인 행위를 따를 때 우리는 좌우도 보지 못하고, 색깔의 아름다움도 보지 못하고, 창문으로 들어오는 미풍을 즐기지도 못한다. 신선한 공기는 성가신 것이므로 창문을 얼른 닫아버리려고 할 것이다.

습관적인 행위로 가득 찬 짐승과 같은 사람이 전사를 만나게 되면 전사가 아주 지루한 존재라고 느낄 수도 있다. 도대체 어떻게 해서 전사는 저렇게 꼿꼿하고 깨어 있을 수가 있을까? 네발을 지니고 있고, 등이 굽은, 머리와 어깨를 바로 들지 못하는 투드로는 전사가 두 발로 서서 머리와 어깨를 지탱해야한다고 해서 전사를 무척 가엾게 여길 수도 있다. 이런 동정심을 가진 이들은 의자가 전사를 행복하게 해줄 것이라는 생각으로 전사에게 의자를 기증하려고 할 것이다. 그러면 전사는 머리와 어깨를 지탱하지 않아도 될 것이고 적어도 가끔은 게으름을 피우고 발을 탁자 위에 올려놓을 수도 있을 것이다.

하지만 전사는 휴식을 취할 필요가 없다. 게으름을 피우고 습관적인 행위에 빠지는 것으로 휴식을 취하려는 시도는 정신적인 분열을 초래할 뿐이다. 사무실에서는 괜찮은 상사이며 사람도 좋고 유머감각도 있는 사람이지만 집에 도착하는 순간 우리는 모든 것을 잊어버린다. 텔레비전을 키고, 부인을 구타하고, 조용히 쉴 필요가 있다면서 아이들을 자기 방으로 몰아낸다. 이런 사람들이 찾고자 하는 안정과 평화는 과연 어떤 것인지 궁금해진다. 이들은 오히려 고통스럽고 지옥 같은 삶을 찾고 있는 것이다. 사무실에서는 전사이고 집에서는 투드로가 될 수는 없다.

오만으로부터 벗어나고 습관적인 행동양식을 제거하는 과정은 그야말로 과감한 조치이다. 하지만 이 세상의 사람들을 돕기 위해서는 필요한 것이다. 자신에 대한 긍지를 가지고 자신을 격려해야 한다. 자신을 정직하고 진정한 전사로 간주해야 한다. 전 유엔 사무총장인 버마의 우탄트U Thant는 전사가 되는 법과 오만을 벗어나 남을 돕는 법을 보여 준 좋은 예이다. 우탄트는 학식이 높고 참선 수행에 깊이 심취해 있었다. 그는 유엔 문제들을 위엄을 잃지 않고 처리했으며, 아주 부드럽고도 점잖은 사람이었다. 그래서 사람들은 그에게서 경외심을 느꼈다. 사람들은 그의 권위를 느낄 수 있었다. 사람들은 그의 말과 그가 내린 결정을 존중했다. 그는 금세기의 가장 위대한 정치가 중의 하나이며 습관적인 행위를 극복한 훌륭한 본보기였다.

습관적인 행위는 위험하고 파괴적인 것이다. 위대한 동쪽의 태양을 보지 못하게 만든다. 습관적인 행위의 영향을 계속 받게 되면 우리는 큰 비전을 전혀 보지 못한다. 바닥에서, 아래를 내려다보며 이것, 저것 찾아본다. 멋진 태양이 떠오르는 것보다는 컵에 앉아있는 파리에 더 신경을 쓴다. 우리는 고양된 열린 비전을 망각하고 위대한 동쪽의 태양을 제대로 보지 못한다. 자신을 해치게 되고 인간이하, 심지어는 동물 이하의 세계로 자신을 말려들게끔 만든다. 현 순간의 기쁨에도 관여하지 않는다. 위대한 동쪽의 태양을 보기 위한 약간의 고통이나 불편조차도 받아들이지 않으려고 한다.

우리가 아주 어린 세 살짜리였을 때는 모든 사물의 작용에 대해 큰 관심을 가지고 있었기 때문에 현실을 도피하지 않았다. 우리는 부모님께 온갖 종류의 질문을 해대곤 했다. "어머니, 이건 왜 그래요? 아버지,

이건 왜 그래요? 왜 이걸 하는 거예요? 저걸 하면 안 되나요?" 하지만 이런 순수한 호기심은 잊히고 사라져버렸다. 우리는 이 호기심을 되살려야 한다. 투드로의 습성이라는 고치 속으로 들어가는 것은 이런 초기의 호기심 이후에 일어난다. 한 때는 엄청난 호기심이 존재했었지만 그리고 나서는 세상이 나를 괴롭힌다고 여기게 되어 고치 속으로 뛰어 들어가 잠을 자기로 마음을 먹는다.

머리와 어깨를 꼿꼿이 세우게 되면 때로는 등이 아프기도 하고 목이 뻐근할 때도 있지만 자신을 펼치고 향상시키는 것은 필요한 일이다. 우린 철학을 이야기하고 있는 것이 아니고 왜 이쪽 모퉁이에서 다음 모퉁이까지 가는 동안 자신의 즐거움을 추구하지 않고도 좋은 인간이 될 수 있는가에 대해 논의하고 있는 것이다. 즉각적인 즐거움을 늘 추구하는 것이 큰 문제이다. "다음엔 뭘 하지? 어떻게 이 지루함에서 벗어날 수 있을까? 난 저 밝은 세상을 전혀 보고 싶지 않아." 실과 바늘로 옷감을 꿰매면서, "달리 바느질하는 방법은 없을까? 여행을 중단할 수 있는 방법은 없을까?"라는 생각을 한다. 우리가 가는 여정은 힘은 들지만 피할 수 없는 것이다.

습관적인 행위를 중단함으로써 우리는 실제 세상을 그 자리에서 바로 인식할 수 있다. 주변의 밝고, 아름답고, 멋진 세상을 제대로 인식할 수 있다. 그처럼 화를 내거나 당황할 필요가 없다. 우리의 습관적인 행동양식을 제거하지 않고는 세상을 온전히 인식할 수 없다. 그러나 일단 습관적인 행동양식을 극복하게 되면 눈부신 드랄라의 원리인 마법을 발견하게 되고 우리는 이 세상의 주인이 될 수 있다.

16

● 성스런 세상 ●

인간이 자연과의 관계, 하늘과 땅과의 관계를 상실하게 되면 환경을 보호하거나 세상을 통치하는 법을 잊어버리게 되는데 이는 결국 똑같은 말이다. 인간은 자연환경을 파괴하는 동시에 서로를 파괴한다. 이런 관점에서 보면 인간사회의 치유는 우리의 현상계와의 개인적, 본질적인 관계를 치유하는 것과 병행한다.

앞서 두 장에 걸쳐 논의했듯이 오만과 습관적인 행위는 드랄라를 체험하는데 장애가 된다. 세상의 마법을 발견하기 위해서는, 자신을 벗어나 더 큰 비전을 체험할 수 없게 만드는 개개인의 노이로제나 이기주의적인 태도를 벗어나야 한다. 이들은 우리의 비전을 가림으로써 자신을 고양하지 못하게 만들고 따라서 남들을 도울 수도 없다.

세상 문제들이 너무나 긴박하여 개인의 성장에 앞서 사회적, 정치적 행동이 우선해야 한다고 생각하는 사람들이 있다. 이들은 대의를 위해 일하려면 자신의 개인적인 욕구는 희생해야한다고 생각한다. 극단적인 경우 이런 종류의 사고방식은 개인의 정신질환과 공격성을 전적으로 문제사회의 산물이라고 정당화하고 자신의 정신병에 집착하고 심지어는 변화를 위해서는 공격성을 사용할 수도 있다고 생각한다.

그러나 샴발라의 가르침에 따르면, 개인의 온전한 체험은 본질적으로 선량한 인간사회를 지향하는 우리의 비전과 연계되어 있음을 알아야 한다. 따라서 우리는 일을 단계별로 하나씩 시작해야 한다. 만약 사회문제를 자신의 마음속에 있는 혼돈과 공격성을 극복하지 않고 해결하려고 한다면 우리의 노력은 문제를 해결하는 것이 아니라 근본적인 문제를 확대시킬 뿐이다. 이것이 바로 세상을 돕는다고 하는 더욱 중요한 문제를 다루기 이전에 각자가 전사의 길로 나아가야 하는 이유이다. 그럼에도 불구하고 샴발라의 비전을 남들에 대한 우리의 책임은 무시하면서 자기 자신을 내세우기 위한 단순한 시도의 하나로 이용한다면 이는 그야말로 불행한 일이다. 전사의 핵심은 세상을 위해 진정한 기여를 할 수 있는 온화하고도 부드러운 사람이 되는 것이다. 전사의 길은 인간에 내재하는 본질적인 선은 무엇이며 이런 본질적인 선을 남들과 함께 하는 방법을 찾아내는 것을 바탕으로 한다. 이 세상에는 자연의 질서와 조화가 존재하는데 이는 우리가 찾아낼 수 있는 것이다. 하지만 이런 질서를 단순히 과학적으로 연구를 하거나 수학적으로 측정할 수는 없는 것이다. 뼛속으로, 가슴으로, 마음으로 이를 느껴야 한다. 전사의 원리를 철저하게 닦게 되면 우리는 드랄라의 원리를 불러일으킴으로써 현실과의 밀접한 관계를 되살릴 수 있다. 이것이 진실하고도 온화한 방식으로 남들과 일할 수 있는 바탕을 제공한다.

드랄라를 불러일으키면 우리는 나 자신과 남들 그리고 온 세상 등 모든 것을 통해 나타나는 본질적인 선을 체험하게 된다. 석양의 세계나 타락한 인간들에 대해서도 이해한다. 우리는 아주 예민하기 때문에 이들을 정확하게 이해할 수 있다. 그러나 모든 인간은 향상의 가능성을 지니고 있으며 어떤 상황 속에서도 성스러움의 가능성을 지니고 있음을 이해한다. 따라서 우리는 세계를 성스런 것으로 본다. 성스런 세상이란 현상계에 자발적으로 자연히 존재하는 세상이다. 우리가 금을 소유하고 있다면 이 금을 아름답거나 기괴한 여러 가지 형태로 바꿀 수는 있지만 금은 여전한 24k 금이다. 아주 타락한 인간이 다이아몬드를 끼고 있더라도 다이아몬드는 여전한 다이아몬드이다.

마찬가지로 성스런 세상이란 개념은, 비록 세상에 가득 차 있는 혼돈과 문제들을 인식하고 있지만, 위대한 동쪽의 태양이란 비전이 끊임없이 현상계의 존재에 영향을 미치고 있음도 이해하는 것이다. 실제로 성스런 세상은 위대한 동쪽의 태양의 속성을 가지고 있다. 성스런 세상은 본원적인 속성을 지니고 있어서 위대한 것이다. 즉 성스러움은 역사시대를 거쳐 선사시대, 생각이 있기 이전, 마음에 아무런 생각조차 일어나기 이전까지 거슬러 올라간다. 따라서 성스런 세상의 위대함을 체험하는 것은 현상을 통해 발현되는 이런 광대하고도 원초적인 지혜의 존재를 인식하는 것이다. 이 지혜는 오래된 것이면서도 동시에 새로운 것으로 상대적인 세상 문제에 의해 퇴색하거나 퇴화하는 법이 없다.

성스런 세상은 동쪽East과 연계되어 있는데 이 세상에는 언제나 비전의 가능성이 존재하기 때문이다. 동쪽은 깨침의 새벽, 즉 비전이 끊임없이 떠오르는 인간의식의 지평선을 대변한다. 어디에서건 눈을 뜨면 우리는 언제나 동쪽을 향해 앞을 바라본다. 아주 타락하고 혼란스러운 상황에 처해 있을지라도 우리는 깨어있는 비전의 가능성을 항상 지니고 있다. 끝으로 성스런 세상은, 소진하지 않는 광채와 광명의 원리인, 태양 빛을 받는다. 태양은 또 이 세상에 독립적으로 존재하는 광명과 풍요로움의 가능성을 이해하는 것과도 연계되어 있다. 보통 우리가 보는 밝은 빛은 한정된 에너지원에서 비롯되는 것이다. 촛불의 밝기는 이를 둘러싸고 있는 밀납의 양과 초 심지의 두께에 달려있다. 전등의 밝기는 흐르는 전류에 달려 있다. 그러나 위대한 동쪽의 태양은 영원히 빛을 발한다. 연료를 필요로 하지도 않는다. 연료나 점화용 불씨조차도 없이 발하는 더할 나위 없는 광채가 존재한다. 성스런 세상을 보는 것은 언제나 그곳에 존재하는 더 큰 비전을 목격하는 것이다.

성스런 세상의 체험을 통해 우리는 현상세계의 풍요로움과 광명이 어떻게 나와 얽혀있는지를 보게 된다. 우리는 이런 세상의 당연한 일부이며, 어떻게 삶을 살아갈 것인지에 대한 귀감을 제공해 줄 수 있는 자연의 질서, 자연의 위계질서의 가능성을 이해하기 시작한다. 보통 위계질서는 부정적인 의미에서 권력이 상부에 집중되어 있는 사다리 또는 수직적인 권력 구조로 간주된다. 만약 이 사다리의 바닥에 위치하고 있다면 우리는 위에 있는 것에 의해 억압을 받고 있다고 느끼고 이를 제거하려고 하거나 사다리를 올라가려고 애쓸 것이다. 그러나 전사에게 있어 위계질서의 발견은 도처에 있는 모든 것에 반영되어 있는 위대한 동쪽의 태양을 보는 것이다. 투쟁과 공격성을 바탕으로 하지 않는 질서의 가능성을 이 세상에서 본다. 다시 말해, 고정되지도 억압적이지도 않은 현상계와 조화를 이루는 법을 깨닫게 된다. 따라서 위계 질서에 대한 이해는 자연스러운 예절의식, 또는 처신 법에 대한 인식으로 나타난다. 즉 독립적으로 존재하고 있는 존엄성과 품위를 경험해 알고 있기 때문에 이 세상에 자연스럽게 존재하는 법을 이해한다.

전사의 예절은 이러한 자연스러운 일체감과 평온함인데 이는 자기 자신과 주변 환경과 화합하고 있다는 자각에서 비롯된다. 상황에 자신을 맞추려고 애쓸 필요도 없고 오히려 상황이 자연스럽게 조화를 이룬다. 이런 수준의 예절을 갖추게 되면 자연으로부터 자신을 보호하기 위해 오랫동안 짊어지고 있던 습관적인 행동양식이란 거대한 짐을 남김없이 제거할 수 있다. 자연 그 자체의 속성을 이해하게 되고 이기적인 술책은 더 이상 필요가 없다. 있는 그대로의 자연과 있는 그대로의 나 자신이 함께 살 수 있음을 깨닫는다. 편안함을 느끼게 된다. 이 세상이 내 집인 양 편안하게 느껴진다.

이렇게 해서 드랄라 원리의 발원은 현실의 자연적인 속성과 조화를 이루고 살아갈 수 있게 해준다. 현대적인 접근법이 자연을 정복하려는 시도의 하나로 보일 때가 많다. 겨울 추위를 정복하는 데는 중앙 난방이, 여름의 더위를 정복하는 데는 에어컨이 있다. 가뭄, 홍수, 폭풍이 일어나면, 이들을 다루기 힘든 자연의 위력을 상기시켜주는 것으로, 자연과의 싸움으로 간주한다. 전사의 접근법은 존재하는 자연적인 요소를 정복하기보다는 이들의 위력과 질서를 인간행위의 지침으로써 존중하는 것이다. 중국과 일본의 고대철학에 등장하는 천지인天地人의 세 가지 원리는 어떻게 인간의 삶과 사회가 자연계의 질서와 하나가 될 수 있는가에 대한 견해를 표명하는 것이다. 이 원리는 자연의 위계질서에 대한 오래된 지식에 근거를 두고 있다. 전사의 원리를 소개함에 있어 천지인의 원리는 전사가 성스런 세상에서 자신의 자리를 잡는 방법을 설명하는데 아주 유효하다. 정치적, 사회적으로 우리의 가치관은 제정 중국이나 일본과는 아주 다르기는 하지만 그래도 이런 자연의 위계질서에 대한 원리 속에 들어있는 본질적인 지혜는 여전히 찾아볼 수 있다. 천지인은 말 그대로 머리 위의 하늘, 발밑의 땅 그리고 이 사이에 서있거나 앉아 있는 인간으로 이해할 수 있다. 유감스럽게도 '인간human beings'이 아닌 '사람man'을 사용한다면 일부 독자들은 이를 제한적인 의미로 받아들일 수도 있다. (이 경우 사람man이란 여성에 반대되는 남성이 아니라 의인화된 존재를 뜻하는 것일 뿐이다.) 전통적으로 하늘은 신들의 영역, 즉 가장 성스런 공간이다. 따라서 상징적으로 하늘의 원리는 고매한 이상 또는 광대하고도 성스런 경험을 상징한다. 하늘의 비전과 광대함이 인간의 위대함과 창의력을 고취해주는 것이다. 반면에 땅은 실용성과 수용성을 상징한다. 땅은 생명을 부양하고 양육하는 바탕이다. 땅은 굳고 다루기 힘든 것으로 보이지만 파고 들어가면 경작할 수 있다. 재배할 수 있다. 땅의 원리에 융통성을 부여하는 것은 바로 천지간의 적절한 관계이다. 하늘이란 공간을 건조하고 개념적인 것으로 생각할 수도 있지만 온기와 사랑 또한 하늘에서 비롯된다. 하늘은 땅에 내리는 비의 원천으로 따라서 하늘은 땅과 협력적인 관계를 지니고 있다. 이런 관계가 형성되면 땅은 생산을 시작한다. 땅은 부드럽고 유연해져서 식물이 자라고 사람들은 땅을 경작할 수 있게 된다.

'그 다음으로는 사람의 원리가 있는데 이는 검소함 또는 천지와 조화를 이루는 삶과 연계되어 있다. 하늘의 자유와 땅의 실용성을 결합하면 인간은 함께 완전한 인간사회 속에서 살 수 있다. 전통적으로 인간이 천지의 원리와 조화를 이루고 살아갈 때 사계절과 세상의 자연력도 함께 조화롭게 작용한다 한다. 이렇게 되면 두려움은 없어지고 인간은 이 세상에서 함께 살 수 있다. 하늘을 위로, 땅을 아래로 하고 나무와 식물들을 진실로 음미하게 된다. 이들은 모든 것들을 감사히 여기기 시작한다.

'그러나 인간이 이런 관계를 위반하거나 천지에 대한 신뢰를 상실한다면 사회 혼돈과 자연 재해가 발생하게 될 것이다. 중국어에 있어 통치자, 왕을 뜻하는 글자는 하나의 수직선이 세 개의 수평선과 합쳐지는 것인데 이는 천지인을 대변하는 것이다. 이는 국왕이 바람직한 인간사회에서 하늘과 땅을 결합할 수 있는 힘을 가지고 있음을 뜻한다. 전통적으로 비가 충분히 내리면 곡식과 채소가 잘 자라고, 따라서 이는 국왕의 권능을 보여주는 것으로 천지를 온전히 결합했음을 암시하는 것이다. 그러나 가뭄과 기아, 홍수나 지진과 같은 자연재해가 발생하면 왕의 권능에 의혹을 품는다. 자연과의 화합이 인간사의 화합과 연계되어 있다는 사상은 단순한 동양의 개념만은 아니다. 예로 다윗왕의 이야기와 같은, 성경에 나오는 많은 이야기들이 천지간의 갈등과 이것이 야기하는 왕에 대한 의혹을 묘사하고 있다.

천지인의 견해를 현 세태에 적용하면 우리가 직면하고 있는 사회

적, 자연적, 또는 환경적 문제들이 연계되어 있음을 이해할 수 있다. 인간이 자연과의 관계, 하늘과 땅과의 관계를 상실하게 되면 환경을 보호하거나 세상을 통치하는 법을 잊어버리게 되는데 이는 결국 똑같은 말이다. 인간은 자연환경을 파괴하는 동시에 서로를 파괴한다. 이런 관점에서 보면 인간사회의 치유는 우리의 현상계와의 개인적, 본질적인 관계를 치유하는 것과 병행한다.

인간이 탁 트인 하늘을 머리 위로하고 무성한 초록색의 땅을 아래에 두고 살아간다는 인식이 전혀 없다면 이들의 비전을 확장한다는 것은 아주 어려운 일이다. 하늘을 무쇠 뚜껑으로, 땅을 메마른 사막으로 간주한다면 남들을 돕기 위해 자신을 펼치기 보다는 숨으려고 할 것이다. 샴발라의 비전은 기술을 거부하거나 단순하게 '자연으로 돌아가기'를 주창하는 것이 아니다. 하지만 우리가 살고 있는 이 세상에는 긴장을 풀고 우리 자신은 물론 하늘과 땅을 감사히 여길 수 있는 여지가 존재한다. 우리는 자신을 사랑할 수 있으며 하늘에서 빛나는 밝은 태양을 볼 수 있도록 머리와 어깨를 바로 세울 수도 있다.

있는 그대로의 세상에서 충만한 삶을 살고, 온갖 모순을 지닌 이 세상 속에서 지금 이 순간의 본질을 찾는 것이 바로 전사의 도전이다. 눈을 뜨고, 마음을 열고, 가슴을 열면 이 세상이 신비로운 곳임을 발견하게 될 것이다. 신비롭다는 것은 세상이 우리를 현혹시킨다거나 돌연히 다른 것으로 변해서가 아니라, 너무나 선명하고 찬란하게 존재할 수 있기 때문에 신비로운 것이다. 그러나 이런 마법의 발견은 망설임이나 오만함이 없이 삶에 대한 당혹감을 극복하고, 인간 생명의 가치와 존엄을 선언할 수 있는 용기가 있어야만 가능한 것이다. 그러면 우리는 마법 즉 드랄라를 체험할 수 있게 된다.

　세상은 우리가 소유할 수 있는 힘과 지혜로 가득 차 있다. 어떤 의미에서 보면 우리는 이미 이들을 소유하고 있다. 드랄라의 원리를 불러일으킴으로써 우리는 성스런 세상, 독립적으로 존재하는 풍요로움과 광명을 지니고 있는 세상을 체험할 수 있는 가능성 ― 더 나아가서는 자연의 위계질서, 자연의 질서를 실현할 수 있는 가능성을 가지게 된다. 이런 질서는 추하고, 냉혹하고, 비통에 잠긴 이들을 포함하는 생명의 모든 양상을 포함한다. 그러나 이런 속성들조차도 한 인간으로 엮어지는 존재의 다채로운 구조의 일부이다. 사실은 이를 좋아하던 싫어하던 간에 우리는 이미 이런 구조로 엮어져 있다. 이런 관계를 인식하는 것은 강력하고도 상서로운 것이다. 이로 인해 우리는 세상에 대해 불평하거나 세상과 싸우는 것을 멈추게 된다. 대신 우리는 세상의 성스러움을 찬미하고 이를 촉진하기 시작한다. 전사의 길을 따름으로써 우리의 비전을 넓히고 두려움 없이 남들을 위해 베풀 수 있다. 이렇게 하여 우리는 근원적인 변화를 이룰 수 있는 가능성을 지니게 된다. 우리는 세상 그 자체를 바꿀 수는 없지만, 있는 그대로의 세상을 향해 마음을 열면 우리뿐만이 아니라 모든 인류에게 가능한 부드러움과 품위와 용기를 발견할 수 있을 것이다.

17

● 자연의 위계질서 ●

> 자연의 위계질서를 따르는 생활이 일련의 엄격한 규정을 따른다거나
> 우리의 일상을 장황한 계명이나 행동규범으로 조직하는 것은 아니
> 다. 세상은 사람들에 대한 애정과 자신에 대한 배려를 가지고 우리
> 의 삶을 능숙하게 이끌어 가는 법을 가르쳐주는 질서와 힘과 풍요로
> 움을 지니고 있다.

지난 장에서 논의한 천지인의 원리는 자연의 위계질서를 설명하는 한
가지 방법이다. 이는 인간이 한 부분을 차지하고 있는 우주계의 질서
를 이해하는 방법의 하나이다. 이번 장에서는 이 질서를 이해하는 또
다른 방법을 제시하고자 하는데 이는 나의 모국인 티베트의 샴발라
지혜의 일부이다. 이 세계관도 세 가지로 나누어져 있는데 이들은 라
lha, 넨nyen 그리고 루lu이다. 이 세 가지 원리들은 천지인의 원리와 상
충하는 것은 아니지만 다소 다른 시각을 지니고 있음을 알게 될 것이
다. 라, 넨 그리고 루는 하늘의 권위와 인간의 지위를 인정하기는 하지
만 땅地의 법칙을 주된 바탕으로 한다. 라, 넨 그리고 루는 땅 그 자체
의 의례와 의식을 설명하는 것으로 이들은 인간이 그러한 본원적인

현실 체제 안으로 융합되어 가는 방법을 보여준다. 따라서 라, 넨, 루 원리의 적용은 실제로는 드랄라의 위력, 즉 본원적인 마법을 불러일으키는 또 다른 방법이다.

라는 본래 '신성한' 또는 '신'이라는 뜻이지만 이 경우에 라는 천상계라기보다는 지상에서 가장 높은 곳을 뜻한다. 라의 세계는 빙하와 돌출된 바위들이 있는 설산의 꼭대기이다. 라는 가장 높은 곳, 즉 떠오르는 태양의 빛을 제일 먼저 받는 곳이다. 머리 위의 하늘과 구름을 향해 뻗어나가는 지상에 있는 장소들이다. 따라서 라는 땅이 도달할 수 있는 하늘과 가장 가까운 곳이다.

심리학적으로 라는 최초의 깨침을 뜻한다. 이는 마음의 오염으로부터 벗어나 놀라운 신선함과 자유를 체험하는 것이다. 라는 위대한 동쪽의 태양이 처음으로 나라는 존재를 통해 반영되는 것으로 빛을 발한다, 즉 엄청난 선을 발현한다고 하는 인식이기도 한다. 신체에 있어 라는 머리, 특히 눈과 이마로써 신체적인 향상과 뻗어나감을 뜻하는 것이기도 하다.

다음으로 본래 '친구'를 뜻하는 넨이 있다. 넨은 산의 커다란 등성이에서 시작되는 것으로 숲과 정글과 평원을 포함한다. 산의 정상은 라이지만 위엄 있는 산등성이는 넨이다. 일본의 사무라이 전통에 따르면 전사의 복장에서 풀을 먹인 커다란 어깨는 넨의 원리를 나타낸다. 서양의 군軍 전통에서는 어깨를 강조하는 견장이 동일한 역할을 한다. 신체에 있어서 넨은 어깨뿐만이 아니라 몸통과 가슴과 흉곽까지 포함한다. 심리학적으로 이는 견고함, 즉 선과 땅 위에 견고하게 기초를 두고 있다는 의식이다. 따라서 넨은 인간의 용기와 무용武勇과 연계되어 있다. 이런 의미에서 넨은 용감하고 남들에게 도움을 주는 깨친 단계의 우정이다.

마지막으로 루가 있는데 이는 원래 '수생水生'이란 의미를 지니고 있다. 이는 바다와 강과 호수의 세계, 즉 물과 습기의 세계이다. 루는 액체 보석의 특성을 지니고 있으며 따라서 습기는 풍요로움과 연계되어 있다. 심리학적으로 루의 체험은 황금 연못에 뛰어드는 것과 같다. 루는 또 신선함이기도 하지만 라의 빙산의 신선함과 동일한 것은 아니다. 여기서 신선함이란 물속에 비친 햇빛과 같은 것으로 액체 보석과 같은 물의 특성을 보여준다. 신체에 있어서 루는 다리와 발, 허리 아래에 있는 모든 것이다.

라와 넨과 루는 계절과도 연계되어 있다. 겨울은 라로 계절 중에서 가장 높은 곳에 위치한다. 겨울에 우리는 마치 고공, 구름 위에 있는 것처럼 느낀다. 겨울은 마치 공중을 날기라도 하듯이 춥고 상쾌하다. 그리고 하늘로부터 내려와 땅과 접촉하기 시작하는 봄이 있다. 봄은 라에서 넨으로 옮겨가는 과도기이다. 그리고는 만물이 푸르고 만개하는, 넨이 완전히 발현하는 여름이 있다. 그리고 여름은 마지막 성장인 결실을 맺기 때문에 루와 연계되어 있는 가을로 발전한다. 가을의 열매와 추수는 루의 결실이다. 사계절의 리듬 속에서 라와 넨과 루는 성장과정을 통해 상호 작용한다. 이는 다른 여러 상황에도 적용된다. 라와 넨과 루의 상호작용은 산 위의 눈이 녹는 것과도 같다. 태양이 산정상을 비추면 빙하와 눈은 녹기 시작한다. 이것이 라이다. 그러면 물은 산허리를 타고 흐르면서 녠인 시내와 강을 형성한다. 끝으로 강은 루, 즉 결실인 바다와 합류한다.

라와 녠과 루의 상호작용은 인간의 행위와 상호작용에서도 볼 수 있다. 예로 돈은 라의 원리이다. 은행구좌를 열고 은행에 돈을 입금하는 것은 녠이다. 그리고 은행의 돈을 인출해서 세를 내거나 물건을 사는 것은 루이다. 또 다른 예는 물을 마시는 것과 같이 단순한 것이다. 빈 잔의 물을 마실 수는 없으므로 먼저 잔에 물을 붓는데 이는 라의 영역이다. 그리고는 손으로 잔을 집어드는데 이는 녠이다. 그리고 마지막으로 물을 마시게 되는데 이것은 루의 영역이다.

라와 녠과 루는 삶에 있어서도 역할을 한다. 우리가 다루는 모든 물체들은 이들 세 가지 영역과 관계가 있다. 예로, 옷에 있어서 모자는 라의 영역에 속하고, 신발은 루의 영역에 그리고 셔츠와 드레스와 바지는 녠의 영역에 속한다. 이 원리들을 섞어버리면 우리는 직감적으로 뭔가가 잘못되었음을 안다. 그 예로, 햇볕이 머리를 내리 쬘 때 햇볕을 가리기 위해 신발을 모자처럼 머리에 쓰지는 않는다. 또 안경을 신고 걷지 않는다. 신발에 넥타이를 채우지 않으며, 발을 식탁 위에 올려놓아서도 안 되는데 이는 루와 녠을 섞는 것이기 때문이다. 라의 영역에 속하는 사물에는 모자, 안경, 귀걸이, 칫솔과 빗들이 포함된다. 녠의 영역에 속하는 사물로는 반지, 벨트, 타이, 셔츠와 블라우스, 커프스 단추, 팔찌, 시계 등이 있다. 루의 영역에 속하는 사물은 신발과 양말, 내의를 포함한다. 이처럼 말 그대로 라와 녠과 루는 아주 명백하고도 평범한 것이다.

라와 녠과 루의 질서를 준수하는 것이 인간을 개화시켜주는 것으로 따라서 우리는 이들을 근원적인 의례라고 할 수 있다. 라와 녠과 루의 질서를 따름으로써 우리들의 삶은 현상계의 질서와 조화를 이룰 수 있게 된다. 이런 기본적인 사회규범을 무시하려고 하는 사람들이 있다. 이들은 "신발을 머리에 쓰면 어때?"라고 한다. 하지만 누구나 이렇게 하는 데는, 정확한 이유는 모르지만 뭔가가 잘못되었다는 것을 다 알고 있다. 사람들은 옷가지나 가재도구들이 나름의 영역을 가지고 있음을 직관적으로 알고 있다. 이런 규범들은 실재로 이해가 가는 것들이다. 특정한 물건들을 특정한 장소에 둔다면 침실과 집 전체가 훨씬 더 깔끔할 것이다. 이로부터 우리의 체험에 리듬과 질서를 계발하게 된다. 옷을 바닥에 집어 던지지 않고 슬리퍼를 배게 밑에 집어넣지도 않고 머리빗을 신발 닦는데 쓰지도 않는다.

라와 녠과 루의 질서를 무시하는 것은 아주 해롭다. 가을에 이어 겨울 대신에 여름이 오고, 봄에 이어서 여름이 아닌 가을이 온다면 우주 원리의 모든 질서를 위반하는 것이다. 이렇게 되면 곡식은 자라지 않고 동물들을 번식을 않게 되며 우리는 가뭄과 홍수 등의 재앙을 겪게 될 것이다. 사회 속의 라와 녠과 루의 질서를 위반하면 이는 계절의 질서를 흩트리는 것과 같다. 이는 사회를 약화시키고 혼돈을 조장한다.

우리는 대통령 집무실 책상 위에 발을 올려놓는 미국 대통령이나 흐루시초프 수상이 유엔의 단상을 발로 찬 유명한 사건 등과 같은 정치 지도자들의 행위에서 라와 녠과 루의 위반을 보게 된다. 이들 행위 그 자체가 중요한 문제이어서가 아니다. 라와 녠과 루의 법칙을 구현하는 것은 예절 바르다는 것만으로는 충분치 않다. 진짜 문제가 되는 것은, 강력한 선언을 하는 방법이 기본적인 규범을 무시하고 세상을 뒤집어 놓는 것이라고 생각하는, 삶의 성스러움을 위반하는 태도이다. 우리는 현상계에 대한 신뢰를 상실하게 되고 동시에 일생동안 목적을 위해 수단을 가리지 않는 것이 성공으로 가는 길이라고 여기는 신뢰받지 못하는 사람이 된다. 이런 유형의 방식에는 일시적인 승리는 있을 수도 있지만 결과적으로 자신을 망치는 것이다.

따라서 라와 넨과 루의 질서를 존중하는 것은 아주 중요하다. 모든 것이 제 자리에 있는 잘 정돈된 집을 소유하고 이들 원리에 대해 그저 말로만 떠드는 것을 뜻하는 것이 아니다. 앞서 여러 차례 논했듯이 세상을 참으로 인식하고 우주를 새로운 눈으로 바라보는 것으로부터 시작해야 한다. 그러면 이로부터 우리는 온 몸을 통해 라와 넨과 루의 존재를 느끼게 된다. 라의 깨침과 비전, 넨의 견고함과 부드러움 그리고 루의 원리인 대지를 밟을 수 있는 풍부한 가능성을 느끼게 된다. 그리고 나면 이런 본원적인 의례의 발견으로부터 우리는 남들을 위해 자신을 바치고 세상에 봉사함으로써 라와 넨과 루의 원리를 함께 통합하는 법을 이해하기 시작한다.

라와 넨과 루의 통합은 많은 동양 문화권의 전통적인 인사법인 절하는 행위가 좋은 예이다. 샴발라 전사에게 있어 절은 사람들에게 봉사하고 이들에게 양보함을 상징하는 것이다. 우리는 여기서 순전히 인사하는 행위에 대해서만 이야기하고 있는 것이 아니라 전사의 자신의 삶에 대한 모든 태도, 즉 무사무욕의 봉사하는 삶에 대해 이야기하고 있는 것이다. 전사로서 절을 할 때, 우리는 머리와 어깨를 세우고 자세를 바로 하는 것으로 시작한다. 그냥 아무렇게 절을 하는 것이 아니라 먼저 자세를 바로 한다. 이것은 라의 영역과 바람의 말을 불러일으키는 것과 관련이 있다. 마치 자신이 그 꼭대기인 머리위에 빙하가 있는 에베레스트 산인 것처럼 말이다. 그러면 날카롭고도 신선한 빙산의 영역인 라로부터 머리를 낮추고 등을 약간 굽혀서 상반신을 굽히기 시작한다. 주의를 머리에서 어깨로 옮겨간다. 이것이 넨과 만나게 되는 것이다. 우리는 넓고도 광대한 어깨를 확인한다. 그리고 마지막으로 절을 마치게 된다. 루의 영역을 완전히 받아들인다. 몸을 굽히면서 라와 넨과 루의 세 가지 세계에 자신을 모두 바친다.

절은 본원적인 선과 바람의 말을 사람들에게 나누어주는 것이다. 따라서 절을 통해서 우리는 잠재적인 힘과 마법을 바치는 것이므로 진지한 마음으로 이를 행한다. 여기에는 자세잡기hold, 감정feeling, 주기give의 세 가지 과정이 있다. 먼저 자세를 바로 잡아야한다. 그렇지 않으면 아무런 주장도 하지 못한다. 그냥 아무렇게나 몸을 굽히는 것으로 절을 한다면 이는 그저 단순한 절이다. 이에는 아무런 감정도 들어 있지 않다. 이런 절을 목격하는 자, 즉 절을 받는 이는 우리를 신뢰할 수 없는 사람으로 간주할 것이다. 이는 절의 힘, 절의 마법이 실지로 서로를 확인해준다 뜻이다. 친구나 이런 힘을 소지하고 있는 선량하고 신뢰할 수 있는 사람에게 절을 한다면 우리는 뭔가를 함께 나누는 것이다. 지는 태양에 절을 한다면, 미키 마우스에게 절을 한다면 자신을 타락하게 만드는 것이다. 전사는 절대로 그러는 법이 없다. 따라서 절은 다른 사람의 진가, 내 앞에 존재하는 사람의 라, 넨, 루에 대한 인식을 바탕으로 한다. 그래서 존중의 표시로 상대방이 몸을 바로 세우기 전에는 우리도 절 자세를 흐트리지 않는다.

절은 품위와 충절과 양보의 표시인 동시에 상호보완적인 에너지의 교환을 상징한다. 이는 라와 넨과 루를 통합하는 방법에 대한 실례이자 비유이기도 하다. 본질적으로 주안점은 세상을 위해 봉사하는 것이다. 이 세상을 건설하는데 도움을 주는 도구들도 라와 넨과 루의 결합으로 간주되는데 이들을 각별히 존중해야 한다. 사람들을 위해 봉사함으로써 이들이 삶을 형성하는데 도움을 주는 사람들도 이와 마찬가지이다. 이렇게 교사는 학생들의 라와 넨과 루를 결합해주기 때문에 큰 존경을 받는다. 이상적으로는, 정치가와 공무원들도 이런 역할을 한다. 전사의 역할은 라와 넨과 루를 결합하여 사람들을 돕는 것이다.

자연의 위계질서를 따르는 생활이 일련의 엄격한 규정을 따른다거나 우리의 일상을 생명이 없는 계명이나 행동규범으로 조직하는 것이 아니다. 세상은 사람들을 사랑하고 자신을 배려하면서 우리의 삶을 능숙하게 이끌어 가는 법을 가르쳐주는 질서와 힘과 풍요로움을 지니고 있다. 하지만 라와 넨과 루의 원리를 공부하는 것만으로는 부족하다. 자연의 위계질서 발견은 개인적인 체험이다. 마법이란 스스로 체험해보아야 하는 것이다. 그러면 모자를 마룻바닥에 씌우려는 짓은 결코 하지 않을 것이며 이보다 더 중요한 것은 이웃이나 친구들을 속이지 않는다는 것이다. 세상을 위해 봉사하고 자신을 완전히 바치고자 하는 생각이 일어날 것이다.

18

◉ 통치하는 법 ◉

자신의 세상을 통치한다는 개념은 신중하게 품위와 절제로써 생활하
는 동시에 삶을 향유할 수도 있다는 것이다. 우리는 생존과 향연을
아울러 누릴 수 있다.

이 세상에 존재하는 자연의 위계질서와 그런 세상에서 자신의 자리를
발견하는 전사의 여정은 고귀하면서도 아주 단순한 것이다. 지금 당장
접할 수 있는 것이어서 단순한 것이다. 이는 우리의 원천 — 이 세상에
서의 우리의 자리, 우리의 본원, 우리가 속해 있는 곳과 접촉하는 것이
다. 이는 마치 해질 녘에 숲 속으로 긴 산책을 나가는 것과도 같다. 새
소리가 들리고 하늘에 사라져 가는 햇살을 볼 수 있다. 초승달과 별무
리들도 보인다. 푸른 나무의 신선함과 야생화의 아름다움을 감상한다.
멀리서 개 짖는 소리, 어린이들의 울음소리가 들리고 이따금씩 고속도
로를 달리는 차나 트럭 소리도 들린다. 바람이 뺨을 스치고 지나가면
숲의 신선함을 맡을 수 있고, 걸어가면서 가끔씩 토끼나 새들을 놀라
게 하기도 한다. 땅거미가 짙어감에 따라 남편, 아내, 자녀, 조부모, 세
상에 대한 기억들이 몰려온다. 철자법과 읽기와 쓰기를 배운 최초의

교실을 기억한다. i, o, m, a 등 글자를 베껴 쓰던 것을 기억한다. 나는 드랄라의 숲을 걷고 있지만 여전히 이 숲이 살아있는 사람들로 둘러싸여 있다는 느낌이 든다. 하지만 귀기울여보면 — 오른발, 왼발, 오른발, 왼발, 자신의 발자국 소리와 마른나무가지를 밟을 때 나는 우지직하는 소리만이 들릴 뿐이다.

이런 실질적인 세상, 즉 더 큰 우주적인 세상으로 들어가게 되면 자신의 세상을 통치하는 방법을 발견하게 된다. — 하지만 동시에 혼자라는 느낌이 든다. 이 세상이 우리들의 궁전이나 왕국이 될 수는 있지만 이 왕국의 왕 또는 왕비인 우리는 슬픔에 잠긴 군주가 될 것이다. 이는 전혀 나쁜 것이 아니다. 실제로는 이것이 친절한 사람 — 그리고 이를 넘어서 남을 도울 수 있는 훌륭한 사람이 될 수 있는 길이다.

이런 고독은 고통스럽기는 하지만 동시에 아름답고 실질적인 것이다. 이런 고통스러운 슬픔으로부터 남들과 함께 일하려고 하는 욕구와 의지가 자연스럽게 일어난다. 자신이 특별한 존재임을 깨닫게 된다. 있는 그대로의 자신의 가치를 깨닫는다. 자신에게 관심을 기울이기 때문에 나를 키워 준 이들이나, 앞서 전사의 길을 감으로써 내가 이 길을 갈 수 있도록 길을 닦아 준 이들에게도 관심을 기울이게 된다. 따라서 어떤 종류의 사람이었든지 간에 이와 같은 길을 걸어온 전사나 용사들의 혈통에 대해 헌신과 사랑을 느낀다. 이와 동시에, 이 길을 아직 가지 않은 모든 이들에게도 관심을 가진다. 내가 전사의 길을 갈 수 있으므로 남들도 이 길을 갈 수 있도록 내가 도와줄 수 있음을 안다.

자연에 계절이 존재하는 것과 마찬가지로 우리의 삶에도 계절이 있음을 알게 된다. 자신의 세상을 보살피고 새로운 아이디어와 모험을 낳는 계발과 창조의 시기가 있다. 생명이 만발하고, 에너지가 넘치고, 자라나는 성장과 풍요의 시기가 있다. 모든 것들이 결말을 맺는 결실의 시기가 있다. 절정에 도달하면 이들이 시들기 전에 거두어 들여야 한다. 그리고 마지막으로 봄이라는 새로운 시작이 아득한 꿈처럼 여겨지는, 춥고, 매섭고 텅 빈 시기가 존재한다. 이런 삶의 리듬은 자연스런 현상이다. 낮에 이어 밤이 오듯이, 이들은 서로, 희망과 두려움의 메시지가 아니라, 사물의 존재 방식을 알려주는 것이다. 삶의 모든 단계들이 자연적인 현상임을 이해한다면 삶이 가져다주는 환경과 분위기의 변화에 흔들리거나 요동할 필요가 없다. 이 세상에 항상 온전하게 존재하고 어떤 상황에서든 용감하고도 당당한 자신의 모습을 보여줄 수 있음을 알게 된다.

생존과 향연에는 모순이 존재하는 것처럼 보인다. 자신의 본질적인 욕구를 해결하는 생존은 실용주의와 노력, 때로는 노역을 바탕으로 한다. 반면에 향연은 주로 사치와 분에 넘치는 일을 하는 것과 관계가 있다. 자신의 세상을 통치한다는 개념은 신중하게 품위와 절제로써 생활하는 동시에 삶을 향유할 수도 있다는 것이다. 우리는 생존과 향연을 아울러 누릴 수 있다. 우리가 통치하는 왕국은 우리 자신의 삶이다. 가족이 바로 왕국이다. 남편이나 아내, 자녀들이 있건 없건 간에 우리의 일상생활에는 구조와 패턴이 존재한다. 규칙적인 삶을 끊임없는 짐으로 보는 이들이 많다. 이들은 매 순간, 매 끼니 때마다 다른 삶, 다른 메뉴를 원한다. 한 곳에 정착해서 정규적이고 절제하는 삶을 살도록 노력해야 한다. 규율이 잡히면 잡힐수록 삶은 더욱 즐거워질 수가 있다. 따라서 우리들 삶의 패턴은 단지 의무라기보다는 즐거운 것, 즉 향연이 될 수가 있다. 이것이 바로 자신의 삶이란 왕국을 통치함을 뜻한다.

여기서 왕국의 개념은 우리들의 삶은 잠재적으로 풍요롭고도 행복하다는 것이다. 부富에 대한 오해가 많이 존재한다. 일반적으로 부유하다는 것은 돈을 많이 소지하고 있음을 뜻하지만 부의 참된 의미는 삶속에서 소중한 순간을 이끌어 내는 방법을 아는 것이다. 다시 말해 은행 계좌에 달랑 20불만 가지고 있더라도 자신의 세상에 풍요로움을 펼칠 수 있다.

먹을 것도 마실 것도 없이 사막에서 길을 잃었다고 하면, 짐 속에 많은 금을 가지고 있더라도 이를 먹거나 마실 수가 없음으로 우리는 여전히 목마르고 배고파 할 것이다. 이는 많은 부유한 사람들이 겪는 것을 비유하고 있다. 이들은 돈을 먹거나 마시지 못한다. 언젠가 자신의 땅에서 석유를 발견해 부자가 된 인디언 추장 이야기를 들은 적이 있다. 추장은 자신의 부를 과시하려고 한 번에 20여 개의 세면기와 욕조의 수도꼭지를 사기로 했다. 사람들은 많은 돈을 쓰고도 여전히 만족하지 못하고 엄청난 고통을 겪는다. 이런 온갖 추정적인 부에도 불구하고 이들은 단순한 한 끼 식사도 즐기지 못한다.

참된 부는 자동적으로 생기는 것이 아니다. 노력으로 계발하고 획득해야 하는 것이다. 그렇지 않고는 많은 돈을 가지고 있더라도 우리는 여전히 굶주리게 될 것이다. 따라서 자신의 세상을 통치하고자 한다고 해서 이것을 많은 돈을 써야 하는 것으로 이해하지 말기를 바란다. 오히려 참된 부는 인적자원, 즉 개개인의 능력을 사용하는데서 비롯된다. 양복에 보푸라기가 많이 있다고 해서 이를 곧장 세탁소에 보내지 말고 직접 손질한다. 이것이 훨씬 더 경제적이고 품위 있는 일이다. 스스로의 에너지와 노력을 들여서 자신의 세상을 돌본다. 부를 얻는 열쇠, 즉 황금의 열쇠는 자신이 가난하고, 돈이 없을 수는 있지만 어떤 경우에서든 풍요롭다는 생각을 이미 가지고 있기 때문에 여전히 행복할 수가 있다는 사실을 바로 이해하는 것이다. 부와 풍요는 본질적으로 품위 있는 인간이 되는 것으로부터 비롯된다. 이것을 인식하는 것이 부를 얻는 놀라운 열쇠이며 통치의 첫 단계이다. 경제적 관점에서 나보다 더 많은 것을 소유한 이들을 질투할 이유가 없다. 비록 가난하더라도 우리는 풍요로울 수가 있다.

이런 전환은 아주 흥미로운 것으로 세상 문제들을 다루는 방법이란 측면에서 아주 강력한 것이다. 세상의 정치는 언제나 빈곤에 기초를 두고 있다. 가난한 이들은 더 많이 가진 자들로부터 돈과 자원을 빼앗으려고 한다. 금전을 소유해서 부유한 이들은 가진 돈의 일부를 포기하는 것이 이들을 궁핍하게 만들 것이라 생각하기 때문에 소유하고 있는 것을 잃지 않으려고 한다. 양측의 이런 사고방식으로는 어떤 본질적인 변화도 있을 수가 없다. 변화가 일어난다고 해도 이는 엄청난 증오와 폭력을 바탕으로 한다. 그 이유는 양측 모두 자신들이 소중하다고 여기는 것들을 꽉 잡고는 잃지 않으려고 하기 때문이다.

물론 우리가 굶주리고 있다면 우리가 원하는 것은 바로 음식이다.

우리에게 필요한 것은 음식이다. 그러나 어려움에 처해있는 사람들이 진짜 필요로 하는 욕구를 무자비하게 착취하기도 한다. 탐욕에 근거한 전쟁이 이 세상에서 수 없이 번복되어 왔다. 돈을 가진 이들은 자신들의 부를 잃지 않으려고 수많은 사람들의 목숨을 기꺼이 희생해 왔고, 다른 한편, 곤궁한 이들은 쌀 한 톨과 주머니 속의 푼돈을 기대하고 동료들을 학살하기를 꺼려하지 않는다.

마하트마 간디는 인도 사람들에게 비폭력을 수용하고, 부와 번영을 연상시켜주는 외국풍에 대한 집착을 포기할 것을 권유했다. 대부분의 인도사람들이 영국제 옷을 입고 있었기 때문에 간디는 이들에게 영국제 옷 입기를 포기하고 직접 옷을 짜서 입을 것을 권했다. 이런 자족의 선언은, 물질적인 재산이 아니라, 개개인의 타고난 존재를 바탕으로 품위를 증진하는 아주 강력한 방법의 하나이다. 그러나 사탸그라하satyagraha 또는 '진리의 추구'라고 하는 간디의 비폭력 사상에서도 볼 수 있는 이 메시지를 극단적인 금욕주의와 혼돈해서는 안 된다. 자신의 본원적인 부를 찾기 위해서 모든 물질적인 재산과 세속적인 추구를 포기해야하는 것은 아니다. 어떤 사회를 지휘, 통치하려면 누군가가 협상 테이블에서 양복을 입어야 하고, 누군가가 평화를 유지하기 위해서는 유니폼을 입어야 한다.

샴발라 가르침의 기본적인 메시지는 일상적인 환경에서도 숭고한 삶을 실현할 수 있다는 것이다. 이것이 바로 샴발라의 본질적인 지혜이다. 즉 이 세상에서, 있는 그대로, 남들을 위해 봉사할 수 있는 숭고하고도 의미 있는 삶을 발견할 수 있다는 것이다. 이것이 바로 우리의 참된 부이다. 세상이 핵으로 인한 파괴의 위협과 대량 기아와 빈곤이란 현실에 처해 있는 때에 우리의 삶을 통치한다는 것은 평범하기는 하지만 완전한 인간으로서 이 세상을 살아 갈 것을 약속함을 뜻한다. 세상에서의 전사의 이미지는 바로 이것이다.

우리는 이런 범상한 생활 속에서 실재로 어떻게 풍요와 통치를 가능케 할 수 있을까? 드랄라의 원리와 라lha와 녠nyen과 루lu의 원리를 이해함은 물론 품위와 부드러움의 본질적인 원리를 완전히 이해하는 경지에 도달하게 되면, 전사는 생활 속에서의 부와 풍요로움이란 의미에 대해 잘 살펴보아야한다. 근본적인 부의 실천은 나라는 존재 안에 실재하는 선을 발현하는 법을 배우는 것이다. 이런 선은 머리를 빗는 방식, 양복을 입는 방식, 거실의 모습 등 우리 주변 세상에 존재하는 모든 것에 반영된다. 그렇다면 더 나아가 우리는 보편적인 군주 universal monarch가 지니고 있는 일곱 가지의 부라고 불리는 것을 계발함으로써 더 큰 풍요를 체험할 수 있을 것이다. 이들은 인도에서 통치자의 특성을 설명하기 위해 처음으로 사용되었던 아주 오래된 범주이다. 여기서 우리가 논하고 있는 것은 이런 특성들을 개인적으로, 직접 계발하는 것이다.

통치자의 첫 번째 부는 왕후가 있다는 것이다. 왕후 — 또는 아내나 남편이라고도 할 수 있다 — 는 가정의 품위의 원리를 나타낸다. 우리의 삶, 즉 우리의 지혜뿐만 아니라 부정적인 측면도 함께 할 수 있는 사람과 살아갈 때 이것이 우리의 마음을 열게 해준다. 감정을 억누르지 않는다. 그러나 샴발라의 가르침을 따르는 이가 꼭 결혼해야 할 필요는 없다. 독신자들을 위한 여지가 항상 존재한다. 독신자들은 일단의 친구들을 가지고 있을 뿐만 아니라 스스로가 친구이기도 하다. 기본 원리는 인간관계에 있어 품위와 사리분별을 계발하는 것이다.

보편적인 군주의 두 번째 부는 대신이다. 대신의 원리는 고문관이 있다는 것이다. 품위를 키워주는 배우자가 있고 조언과 지도를 해주는 친구가 있다. 대신들은 불가사의한 존재여야 한다는 말이 있다. 여기서 불가사의함의 의미는 친구들이 믿을 수가 없다거나 이해하기 어렵다는 것이 아니라 이들이 어떤 일이나 목표를 염두에 두고 있어서 우리와의 우정을 흐리게 만들지 않는다는 뜻이다. 이들의 조언이나 도움은 제한이 없다.

세 번째의 부는 용기와 보호를 대변하는 장군將軍이다. 장군은 또 용감한 친구인데 이들이 우리를 보호하고 도와주는데 조금도 주저하지 않는, 어떤 상황에서든 필요한 것은 뭐든지 다 해주기 때문이다. 장군은 조언을 제공하는 이들과 대립하는 것으로 실제로 우리를 보살펴주는 친구이다.

네 번째의 부는 군마 또는 말이다. 말은 모든 상황에서 열심히 일하고 노력하는 근면함을 나타낸다. 게으름에 빠지지 아니하고, 항상 전진하며, 일상생활 속에서 직분을 다한다.

다섯 번째의 부는 코끼리인데 이는 견실함을 나타낸다. 기만이나 혼돈의 바람에 흔들리지 않는다. 코끼리처럼 굳건하다. 동시에 코끼리는 나무줄기처럼 뿌리를 내리고 있지 않으므로 걷고 움직일 수가 있다. 따라서 우리는 코끼리를 타고 있는 것처럼 흔들리지 않고 앞으로 나아갈 수가 있다.

통치자의 여섯 번째 부는 소원을 들어주는 보석인데 이는 관용과 관련이 있다. 앞서 언급한 원리들을 적용함으로써 우리가 성취한 부에 집착하지 않고 ― 관대함과 열린 마음으로 기꺼이 ― 놓아버리고 나누어준다.

일곱 번째는 수레바퀴이다. 전통적으로 우주의 통치자는 황금의 수레바퀴를 들고 있는 반면 이 지구를 통치하는 군주는 쇠수레바퀴를 받는다. 샴발라의 통치자는 이 지구를 통치하므로 쇠수레바퀴를 들고 있다고 한다. 개인적인 차원에서 수레바퀴는 자신의 세상에 대한 통치를 나타낸다. 삶에 있어 자신의 자리를 온당하고 완전하게 잡음으로써 앞의 모든 원리들이 함께 작용하여 우리의 삶에 풍요와 품위를 증진할 수 있다.

이런 일곱 가지 부의 원리를 적용함으로써 우리는 가정생활을 적절하게 다룰 수 있다. 기품을 높여주는 아내나 남편이 있고, 조언자인 가까운 친구가 있고, 우리를 보살펴주는 용감한 수호자 또는 동반자가 있다. 그리고 전사의 길을 가면서, 일을 하고 노력을 하는데, 이는 말馬로 상징된다. 우리는 언제나 자신의 에너지를 타고 간다. 우리는 생활 속의 문제들을 절대로 포기하지 않는다. 그러면서도 동시에 우리는 코끼리처럼 현실적이고도 견고해야 한다. 이런 모든 것들을 소지하게 되면 자기만족을 느낄 뿐만 아니라 소원을 들어주는 보석과 마찬가지로 남들에게도 관대해진다. 이렇게 해서 우리는 가정을 완벽하게 통치한다. 지휘권을 지니게 된다. 이것이 바로 깨달음을 바탕으로 집안을 관리하는 이상적인 방법이다.

　이렇게 하고 나면 자신의 삶이 적절하고도 완전하게 자리 잡았음을 느끼게 된다. 황금의 비가 쉬지 않고 내려옴을 느낀다. 견고하고, 단순하고, 거리낌이 없음을 느낀다. 그러면 우리 삶 속에 아름다운 꽃이 피어나기라도 하듯이 부드러움과 열린 마음을 느끼게 된다. 수용이나 거부를 막론하고 모든 행동을 통해서 우리는 샴발라의 지혜라고 하는 보물을 인식하기 시작한다. 이는 조화가 있는 곳에 본원적인 부가 존재한다는 뜻이다. 어떤 때에는 아주 가난할 수도 있지만 이는 문제가 되지 않는다. 우리는 돌연히 영원한 부자가 된다.

　세상 문제를 해결하고자 한다면 가정과 사생활의 질서를 먼저 바로 잡아야 한다. 이는 다소 모순이 되는 말이다. 사람들은 세상을 돕기 위해 개인적이고 제약된 삶을 초월하려는 진지한 욕구를 지니고 있다. 그러나 가정에서 시작하지 않으면 세상을 도울 수 없다. 따라서 통치하는 법을 배우는 최초의 단계는 가정, 즉 가장 가까운 세상을 통치하는 법을 배우는 것이다. 이렇게 한다면 다음 단계는 자연스럽게 일어난다. 그렇지 않으면 이 세상을 위해 우리가 할 수 있는 일은 혼돈을 더하는 것일 뿐이다.

제3부

진정한 존재
Authentic Presence

༄། །གནེ་བརྟེན་ཚན་གྱི་ཤམ་རླ་ལནེ།

དབང་ཐང་ཉམས་པ་མེད་པར་ཤར། །

변함없는 진정한 존재는

품격을 갖춘 샴발라의 전사를 통해 발현한다.

19

● 보편적인 군주 Universal Monarch ●

전사의 도전은, 용감하면서도 동시에 부드러움을 통해, 고치를 벗어
나 공간 속으로 나아가는 것이다.

제2부에서는 마법 또는 드랄라를 발견할 수 있는 가능성과 이런 발견
이 성스런 세상을 발현할 수 있도록 우리의 존재를 어떻게 변화시킬
수 있는 지를 논했다. 어떤 면에 있어서는 이런 가르침들이 모두 아주
단순하고도 평범한 체험에 근거로 하는 것인데도 마치 이들이 대단히
중요한 지혜인 것처럼 이에 압도되는 수가 있다. 전사의 비전을 실현하
는 방법에 대해 여전히 의문을 지니고 있을 수도 있다.

　샴발라 전사의 길을 따를 수 있는 용기를 부여하는 것은 개인의 의
지력이나 노력일 뿐일까? 아니면 내가 위대한 동쪽의 태양을 체험하
고 있다고 생각하면서 — 내가 체험한 것이 바로 '그것'이라고 생각하
고 — 좋은 결과를 기대하는 것일 뿐일까? 이들은 둘 다 도움이 되지
않는다. 과거에 우리는 전사가 되고자 엄청난 노력을 해온 이들을 보
아 왔다. 그러나 그 결과는 더 큰 혼돈으로, 이들은 겹겹이 쌓여있는
비겁함과 무능력을 발견했을 뿐이다. 만약 기쁨과 신비로운 경험이란

인식이 없다면 우리는 높이 솟은 망상의 벽으로 자신을 몰아가는 것일 뿐이다.

전사의 길, 즉 전사가 되는 법은 언젠가는 자신이 프로가 될 것을 기대하는 서투른 시도의 문제가 아니다. 모방imitate과 추구emulate는 다른 것이다. 초심자인 전사는 전사가 되기 위해 엄격한 훈련과정을 거치고 끊임없이 자신의 발자국이나 행동을 뒤돌아보고 재검토한다. 성장의 조짐을 발견할 때도 있고 때로는 목적에 미치지 못했음을 발견하기도 한다. 그럼에도 불구하고 이것이 전사의 길을 실현하는 유일한 방법이다.

전사의 길의 실현은 바로 원초적인 선 또는 본질적인 선의 완전하고도 무조건적인 속성을 체험하는 것이다. 이런 체험은 무아의 완전한 실현, 즉 절대적인 진리와 동일한 것이다. 그러나 절대성의 발견은 우리들의 삶에 존재하는 평가의 기준을 대상으로 해야만 가능한 것이다. 여기서 평가의 기준이란 옷을 빨고, 아침, 점심, 저녁을 먹고, 세금을 내는 것과 같은, 삶이란 여정의 일부인 모든 조건과 상황을 뜻하는 것이다. 한 주는 월요일로 시작해서 화요일이 되고, 수요일, 목요일, 금요일, 토요일 그리고 일요일이 된다. 아침 6시에 일어나고 아침이 지나면 정오, 오후, 저녁 그리고 밤이 온다. 우리는 언제 일어나고, 몇 시에 샤워를 하고, 직장에 가고, 저녁을 먹고, 잠자리에 드는지 알고 있다. 차 한 잔을 마시는 것과 같은 단순한 행위도 수많은 평가의 기준이 포함되어 있다. 차 한 잔을 따른다. 설탕 한 스푼을 가져다 찻잔으로 가져간다. 숟가락을 찻잔에 넣고 설탕이 완전히 녹도록 저어준다. 손잡

이로 찻잔을 집어 들고 입으로 가져간다. 차를 한 모금 마시고는 잔을 내려놓는다. 이런 모든 과정들은 삶이란 여정을 이끌어 나가는 방법을 우리들에게 보여주는 단순하고도 평범한 평가의 기준들이다.

그리고 감정을 표현하는 방법과 연계되어 있는 평가기준이 있다. 연애를 하고, 말다툼을 벌이고, 때로는 삶에 따분함을 느끼기도 하고 신문을 읽거나 텔레비전을 본다. 이런 모든 감정적인 특성들은 삶을 살아가는데 평가의 기준을 제공한다.

전사의 원리는 무엇보다도 우선 이런 과정들, 이런 평범한 평가 기준을 인식하는 법을 배우는 것이다. 그러나 우리 삶의 평범한 상황들을 인식하게 되면 놀라운 사실을 발견할 수 있다. 차 한 잔을 마시는 동안, 공간space 속에서 차를 마시고 있는 자신을 발견한다. 사실은 내가 차를 마시고 있는 것이 아니다. 공간이 차를 마시고 있는 것이다. 이렇게 사소하고 평범한 일을 하는 동안에 평가의 기준이 절대성의 체험을 불러일으키기도 한다. 바지나 치마를 입을 때 내가 공간을 단장하고 있으며, 화장을 할 때에도 공간에 화장품을 바르고 있음을 발견하게 된다. 우리는 아무 것도 존재하지 않는 공간을 단장하고 있다.

일상적인 의미에서 우리는 공간을 비어있거나 죽은 것으로 생각한다. 그러나 이 경우에 공간은 흡수하고, 인정하고, 수용하는 능력을 가지고 있는 광대한 세상이다. 공간을 치장 할 수도 있고, 함께 차를 마시고 과자를 먹을 수 있으며, 공간으로 신발을 닦을 수도 있다. 거기에는 뭔가가 있다. 그러나 얄궂게도 공간을 살펴보면 아무 것도 발견할 수 없다. 공간을 손가락으로 만져보려고 하면 만지려는 손가락조차 존재하지 않음을 발견하게 된다! 이것이 본질적인 선의 원초적인 속성이며 이 속성이 바로 인간이 전사, 즉 전사 중의 전사가 될 수 있게 해주는 것이다.

궁극적으로 전사는 공간을 두려워하지 않는 사람이다. 겁쟁이는 언제나 공간을 두려워하며 살아간다. 겁쟁이는 홀로 숲 속에 있을 때 아무런 소리도 들리지 않으면 어디엔가 유령이 숨어있다고 생각한다. 정적 속에서, 겁쟁이는 온갖 괴물과 악귀들을 상상한다. 겁쟁이는 아무것도 볼 수가 없기 때문에 어둠을 두려워한다. 아무 소리도 들리지 않기 때문에 정적을 두려워한다. 겁쟁이는 온갖 종류의 평가 기준 또는 조건을 만들어 냄으로써 절대적인 것을 두려움에 찬 환경으로 만든다. 그러나 전사에게 있어 절대성은 조건을 설정하거나 제약할 필요가 없다. 긍정적이거나 부정적인 것으로 조건을 지을 필요도 없으며 있는 그대로 중립상태에 있을 수 있다.

석양의 세계는 공간을 두려워하고 절대적인 진리를 두려워한다. 세상 사람들은 상처받는 것을 두려워한다. 이들은 자신들의 살과 뼈와 골수를 드러내는 것을 두려워한다. 스스로 만들어 낸 조건이나 평가 기준을 초월하는 것을 두려워한다. 석양의 세계에서 사람들은 자신들의 평가 기준을 전적으로 믿는다. 이들은, 마음을 열면, 아물지 않은 상처를 세균과 병에 노출시키는 것으로 생각한다. 굶주린 흡혈귀가 근처에 있어서 피 냄새를 맡고 이들을 잡아먹으러 올 것이다. 석양의 세계는 자신의 살과 피를 보호해야 하며 자신을 보호하기 위해서 갑옷을 입어야 한다고 가르친다. 그러나 무엇으로부터 자신을 보호하려는 것일까? 공간으로부터?

자신을 완전히 울타리 안에 가두고는 안전하다고 생각할 수도 있지만 몹시 외로울 것이다. 이것은 전사의 외로움이 아니라 겁쟁이의 외로움, 즉 고치 속에 갇혀서 본질적인 인간의 애정으로부터 격리된 외로움이다. 갑옷을 벗어버리는 방법을 알지 못한다. 자기 자신의 안전이라고 하는 평가 기준 없이는 어떻게 처신해야 할지 모른다. 전사의 도전은 용감하면서도 동시에 부드러움을 통해, 고치로부터 벗어나 공간 속으로 나아가는 것이다. 자신의 상처와 살, 자신의 아픈 부분을 드러낼 수 있다.

보통 상처가 나면 우리는 상처가 나을 때까지 밴드를 붙여 놓는다. 그리고 상처가 아물면 밴드를 떼어 내고 피부를 바깥세상에 드러낸다. 이 경우에는 아물지 않은 상처와 살을 무조건적으로 드러낸다. 남편, 아내, 은행원, 집주인 등, 내가 만나는 모든 사람들에게 아무것도 숨기지 않고 내보인다.

보편적인 군주의 탄생이라는 놀라운 탄생이 이로부터 비롯된다. 군주에 대한 샴발라의 정의는 자신의 가슴을 남들을 위해 기꺼이 여는 민감하고 예민한 사람이다. 이것이 바로 자기 세상의 통치자, 즉 왕과 왕비가 되는 방법이다. 우주를 통치하는 법은 남들이 내 심장이 뛰는 것을 보고, 나의 붉은 살을 보고, 정맥과 동맥을 통해 피가 움직이는 것을 볼 수 있도록 나의 가슴을 여는 것이다.

보통 우리는 왕을 부정적인 의미에서 사람들로부터 멀리 떨어져 궁궐에 몸을 숨기고 세상으로부터 자신을 보호하기 위해 왕국을 세우는 이로 생각한다. 여기서 우리는 사람들의 복지향상을 위해 이들을 향해 자신을 드러내는 것을 이야기하고 있다. 샴발라의 세상에서 군주의 힘은 부드러움에서 비롯된다. 마음을 열고 남들과 함께 이를 나누는 것에서부터 비롯된다. 숨길 것도 없고 갑옷도 없다. 우리의 체험은 숨김이 없는 직접적인 것이다. 이는 노출 그 이상의 것으로 숨기거나 가공하지 않는다.

이것이 전사의 실현 즉 본질적인 선의 완전한 실현이다. 이 차원에서는 본질적인 선에 대한 의혹은 전혀 존재하지 않으며 따라서 자신에 대한 의혹도 있을 수가 없다. 자신의 생살을 온 세상에 드러낼 때 "또 다른 가죽을 걸쳐야 하나? 내가 너무 적나라한가?"라고 하지 않는다. 이쯤에서는 재고의 여지가 전혀 없다. 아무 것도 얻을 것도 잃을 것도 없다. 자신의 가슴을 완전히 드러낼 뿐이다.

20

진정한 존재 Authentic Presence

이 단계에서 전사의 여정은 다음 단계로 나아가기 위해 애쓰는 것이
라기보다는 전사의 상태에서 머무는 것을 바탕으로 한다. 전사는 느
긋한 성취감을 맛보게 되는데 이는 이기주의적인 문제가 아니라 공격
성을 초월한 무조건적인 자신감에 상주함을 바탕으로 한다. 따라서
여정은 꽃이 피어나는 것처럼 자연스러운 확장의 과정이 된다.

앞장에서 논의했듯이 보편적인 군주의 실현은 전사의 '진정한 존재'
라고 하는 것을 계발한 결과이다. 티베트어로 '진정한 존재'는 왕탕
wangthang으로 '힘의 밭'이란 의미를 지니고 있다. 그러나 이 용어가
인간의 품성을 지칭하는 것이므로 여기서는 '진정한 존재'라고 나름대
로 번역해 보았다. 진정한 존재의 기본 사상은 우리가 공덕 또는 미덕
을 쌓기 때문에 이에 따라 이런 미덕이 나라고 하는 존재를 통해 반영
되기 시작한다는 것이다. 따라서 진정한 존재는 인과因果에 바탕을 두
고 있다. 진정한 존재의 원인은 우리가 쌓아 가는 공덕이고 그 결과는
진정한 존재 그 자체이다.

　외적 또는 일상적인 의미에서의 진정한 존재가 있는데 이는 누구나

체험할 수 있는 것이다. 겸손하고 점잖고 열심히 일하는 사람은 훌륭하고 건실한 존재라는 인식을 주변 사람들에게 보여주기 시작한다. 그러나 진정한 존재의 내면적인 의미는 특히 샴발라 전사의 길과 연계되어 있다. 내면적인 진정한 존재는 일상적인 의미에서의 점잖고 좋은 사람이라는 것뿐만 아니라 본원적인 공간 즉 무아의 실현과도 관계가 있다. 내면적인 진정한 존재를 일으키는 원인 또는 미덕은 비우기와 무집착이다. 집착하지 말아야 한다. 내면적인 진정한 존재란 나 자신을 남들과 대체하는 것, 즉 관대하면서도 집착함이 없이 남들을 자기 자신처럼 여길 수 있는 데서 비롯된다. 따라서 내면적인 진정한 존재를 가져다주는 내적인 공덕은 집착하지 않는 마음, 집착함이 없는 마음이다.

내면적인 진정한 존재를 지닌 사람을 만나게 되면 우리는 그가 저항할 수 없는 순수함을 지니고 있음을 발견하게 되는데 이는 너무나 진실하고 숨김이 없으며 순수해서 다소 두려움을 자아내기도 한다. 내면적인 진정한 존재를 지닌 사람에게서 권위의식을 느끼게 된다. 그가 쓰레기 수거인 또는 택시 운전기사일 수도 있지만 그는 여전히 고귀한 속성을 지니고 있어서 우리를 매료하고 우리의 관심을 불러일으킨다. 이는 단순한 재능이 아니다. 내적인 진정한 존재를 지닌 사람은 지속적으로 올바른 길을 걸어왔으며 자신을 닦아왔다. 그는 집착하지 않음으로써, 즉 일신상의 안락과 집착하는 마음을 벗어버림으로써 진정한 존재를 성취하게 된 것이다.

한 편으로 진정한 존재는 자아에 대한 집착으로부터 벗어나는 점진적인 성장 과정의 결과이다. 또 이는 집착하는 마음을 벗어나는 즉

흥적이고도 신비로운 과정의 결과이기도 하다. 이들 둘은 언제나 함께 작용한다. 진정한 존재를 가져다주는 돌연하고도 즉흥적인 과정은 바람의 말 즉 룽타lungta를 불러일으키는 것인데 이는 근본적으로는 본원적인 선이란 에너지를 기쁨과 힘의 바람으로 불러일으키는 것이다. 이 책에서는 바람의 말을 불러일으키는 수행에 대한 구체적인 지도법은 다루고 있지 않지만 바람의 말의 본질적인 에너지에 대한 논의를 통해 이를 조금씩 이해하게 되었기를 바란다. 바람의 말을 불러일으킴으로써 절망과 의혹을 즉석에서 제거할 수 있다. 이는 불쾌한 체험들을 제거하는 것이라기보다는 기운을 북돋우는 과정이다. 다시 말해 바람의 말을 불러일으킴으로써 대담과 용기에 넘치는 면모를 일깨우고 실현하게 된다. 이것은 놀라운 깨어있는 마음을 불러일으키기 위해 의혹과 망설임을 극복하는 신비로운 수행이다. 그래서 룽타를 불러일으킬 때 진정한 존재도 실현된다.

그러나 이 시점에서는 진정한 존재의 체험이 순간적인 것일 수도 있다. 이 순간적인 체험을 지속하고 진정한 존재를 온전하게 발현하기 위해서는 수양이 필요하다. 그래서 진정한 존재를 더욱 심화하고 계발하는 단계적인 과정이 있는데 이는 전사의 길에 있어서의 네 가지 미덕이라고 불린다. 이 길은 우리 세상에 더욱 더 큰 공간을 통합함으로써 궁극적으로는 보편적인 군주를 실현할 수 있는 방법과 연관이 되어있다. 우리들의 세상이 광대해질수록, 당연히 자기중심적, 이기주의적 존재에 대한 관념은 무의미하게 된다. 따라서 네 가지 미덕의 길은 무아의 실현과도 관계가 있다. 이 네 가지 미덕은 온유, 확신, 용기, 불가사의이다. 인간은 누구나 이런 네 가지의 미덕을 어떤 형태로든 체험한다. 온유함은 본래 겸허하고 예민한 존재의 체험인 반면 확신은 사기왕성한 젊은이의 에너지와 관계가 있다. 용기는 대담하게 기대하거나 두려워하지 않고 상황에 대응하는 것이고 불가사의란 자연스럽고 즉흥적인 성취를 체험하는 것이다.

누구나 이런 에너지의 발현을 어느 정도 체험하기는 하지만 실질적인 수양과 자각이 뒤따르지 않는다면 삶에 있어서 궁극적인 의미의 진전은 있을 수 없으며 네 가지 미덕도 무아를 향한 길이 되기보다는 습관적인 행동양식의 일부로 묻혀버린다. 그래서 궁극적으로 네 가지 미덕은 전사의 길과 연계되어야만 한다. 사실 이는 전사의 길에 있어 고급단계에 해당한다. 전사는 본원적인 선에 대한 확고부동한 신념을 가지고 성스런 세상에서의 체험 속에 반영되어 있는 위대한 동쪽의 태양을 보고 나서야 비로소 이 네 가지 미덕을 실현할 수 있다. 이 시점에서 전사는 이런 여정을 확고하게 만들어주는 소진하지 않는 에너지, 즉 바람의 말이라는 에너지의 원천에 도달하게 된다. 따라서 바람의 말은 네 가지 미덕에 활력을 불러일으키는 연료이며 진정한 존재는 그 매개체이다.

이는 다소 모순이 되는데 한편으로는 네 가지 미덕이 진정한 존재를 계발하는 과정이며 다른 한편으로는 진정한 존재의 체험이 네 가지 미덕의 길을 열어나갈 수 있게 해준다. 이를 설명하자면, 무아가 이 여정의 바탕이자 결실이라고 간단히 말할 수 있을 것이다. 자신을 버린다는 생각 없이는 전사의 길을 갈 수 없다. 이 반면에 일단 자신을 놓아버리고 나면 더욱 광대한 비전과 마음을 우리의 것으로 만들 수 있다. 그래서 무아는 — 그런 것이 존재한다고 말할 수 있다면 — 여정의 전 과정을 통해 이어져 있는 광대함의 실마리이다. 이 단계에서 전사의 여정은 다음 단계로 나아가기 위해 애쓰는 것이라기보다는 전사의 상태에서 머무는 것을 바탕으로 한다. 전사는 느긋한 성취감을 맛보게 되는데 이는 이기주의적인 문제가 아니라 공격성을 초월한 무조건적인 자신감에 상주함을 바탕으로 한다. 따라서 여정은 꽃이 피어나는 것과 마찬가지로 자연스러운 확장의 과정이 된다.

온유한 전사

온유함은 첫 번째 미덕이다. 여기서 온유함이란 미약한 것을 뜻하는 것이 아니다. 이는 복잡하지 않고 쉽게 다가갈 수 있는, 꾸밈없는 상태에 머무는 것을 의미하는 것이다. 남들이 악의를 품고 있든 상냥하든 간에 온유한 전사는 자신을 사랑하고 남들에게는 자비를 베푼다. 우리의 마음에는 일상적인 편견이 없으며 사소한 문제에 개의하지도 않는다. 이는 우리의 인식이 위대한 동쪽의 태양이란 비전을 흐리게 하는 행위들을 삼가게 해주기 때문이다. 따라서 우리는 항상 부드럽고 예절바르게 행동한다.

온유함의 원리에는 세 가지 단계가 있다. 첫 번째 단계는, 전사가 겸손하기 때문에, 그의 마음이 유독한 오만으로 들어차는 법이 결코 없다는 것이다. 겸손함이 자기 자신을 작고 하잘 것 없는 것으로 여기는 것은 아니다. 여기서 겸손이란 참되고 진실한 감정을 말하는 것이

다. 따라서 전사는, 자신을 확인하기 위해 외적인 판단기준이 필요치 않은, 자족감을 느낀다. 겸손함에는 자족하면서도 빛을 발하는 광명이 잠재되어 있다. 전사의 자각은 주변의 모든 것에 대한 날카로운 관심, 큰 호기심으로 빛을 발한다. 사물을 자신의 존재에 대한 평가기준이 아닌 자연 그대로의 메시지로 보기 시작한다. 평범한 호기심과 온유함의 길을 가는 전사의 호기심과의 차이점은 전사의 인식에는 언제나 수양이 함께 한다는 점이다. 그래서 우리는 아무 것도 놓치는 법이 없다. 사소한 것들도 빠짐없이 이해한다. 이런 수양을 거친 인식은 우주가 우리 비전의 일부가 될 수 있게끔 해주는 개척지이다.

온유함의 두 번째 단계는 절대적인 확신의 발현이다. 진실함은 정글 속을 느리지만 조심스럽게 걸어가는 전성기의 호랑이에 비유할 수 있다. 이 경우, 호랑이는 먹이를 찾고 있는 것이 아니다. 다른 동물을 덮치려는 생각으로 정글을 돌아다니는 것이 아니다. 오히려 호랑이의 이미지는 자기만족과 겸손함의 일치를 나타낸다. 호랑이는 주의 깊게 정글을 유유히 걸어간다. 그러나 호랑이는 자신의 몸과 탄력성과 리듬감각에 만족하기 때문에, 긴장을 하지 않는다. 코끝에서부터 꼬리 끝에 이르기까지, 아무런 문제도 존재하지 않는다. 호랑이의 동작은 파도와도 같다. 호랑이는 정글을 헤엄쳐 다닌다. 이렇게 호랑이의 경계심에는 여유로움과 확신이 뒤따른다. 이것을 전사의 확신에 비유할 수 있다. 온유한 전사에게 있어 확신은 일상을 처리해 나가는 인식과 자연스러운 정신집중 상태이다.

온유함의 세 번째 단계는 전사의 광대한 마음으로 이는 아무런 망설임이 존재하지 않기 때문이다. 그의 마음은 드높고 하늘의 경계를 초월해서 볼 수 있다. 여기서 광대함은 자신 앞에 전개될 대단한 미래를 볼 수 있어서가 아니라 자신이 확신과 용기와 불가해를 거쳐 결국에는 최상의 전사가 될 것임을 예견하는데서 비롯되는 것이다. 광대함은 오히려 자신의 자리, 나 자신만의 특정한 위치의 중요성을 이해하는데서 오는 것이다. 자신의 기본적인 심적상태는 물론이고 샴발라의 비전과 위대한 동쪽의 태양과의 관계도 문제가 되지 않음을 깨닫게 된다. 이렇게 해서 야망과 가난에 찌든 마음을 둘 다 극복해낸다. 광대한 마음은 또한 드랄라의 비전을 공유하는데서 오는 것이기도 하다. 우리는 광대하고도 강력한 마법의 바다로 뛰어 들 수 있는데 이는 고통스러울 수도 만족스러울 수도 있지만 그럼에도 불구하고 이는 큰 기쁨이다.

온유함의 결실은 전사가 이루고자 하는 목표는 무엇이든지 다 이룰 수 있다는 사실인데 이는 그가 놀라운 에너지를 지니고 있기 때문이다. 에너지라는 관념은 빠르다거나, 공격적이라거나 고압적인 것이 아니다. 정글의 호랑이처럼, 우리는 여유롭고도 에너지가 넘친다. 호기심을 늘 지니고 있지만 인식 또한 단련된 것이어서 아무런 어려움 없이 모든 일을 성취하며 주변의 사람들도 그렇게 할 수 있도록 고무시켜 준다.

온유한 전사는 이득, 승리, 명예 등을 멀리한다. 자신에 대한 의혹이 전혀 없기 때문에 남들의 의견에 의존하지 않는다. 격려나 방해에도 좌우되지 않는다. 따라서 자신의 용기를 남들에게 과시할 필요도 전혀 없다. 자아존중은 평범한 석양의 세계에서는 거의 볼 수 없는 일이다. 하지만 바람의 말을 불러일으키게 되면 우리는 즐겁고 자신을 신뢰하게 된다. 따라서 자신을 존중하기 때문에 우리는 이득이나 승리에 의존할 필요가 없다. 또 자신을 존중하기 때문에 남들을 두려워하지도 않는다. 그리하여 진실한 전사는 남들을 의도적으로 속이지 않는다. 따라서 전사의 존엄성은 변함이 없다.

이렇게 온유함은 광대한 비전과 확신을 부여한다. 네 가지 미덕은 이런 겸손하고 본분을 다하면서도 동시에 빈틈없이 사소한 것까지 볼 수 있는 광대한 비전으로부터 시작된다. 여정은 남들로부터 구걸할 필요가 없는 이런 자연스러운 성취감에서 시작된다.

확신에 넘치는 전사

확신의 원리는 높은 산의 신선함을 즐기는 흰 사자로 상징된다. 흰 사자는 활기에 넘칠 뿐만 아니라 강건하다. 그는 깨끗한 환경과 맑은 공기를 지닌 고지대에서 생활한다. 주변에는 야생화와 몇 그루의 나무, 그리고 암석과 바위들이 간간히 보인다. 주위환경은 신선하고 새롭고 상쾌한 느낌을 준다. 자신감은 일시적인 환경에 의해 고무되는 것이 아니라 무조건적인 즐거움을 뜻하는 것으로 이는 지속적인 수행에서 비롯되는 것이다. 흰 사자가 신선한 공기를 즐기듯이 확신에 넘치는 전사는 쉼 없이 수행하고 이 수행을 즐긴다. 전사에게 있어 수행은 강요가 아니라 즐거움이다.

확신에는 두 단계가 있다. 첫 번째 단계는 고무적이고도 즐거운 마음을 체험하는 것이다. 이 경우, 고무적인 마음이란 아무 것에도 의존하지 않는 지속적인 기쁨을 의미한다. 동시에 이런 즐거운 마음의 체험은 우리가 앞서 체험한 온유함에서 온다. 따라서 확신은 온유를 뒤따르는 것이라 할 수 있다. 온유에서 비롯되는 겸손과 정념과 광명은 자연스러운 기쁨을 가져다준다. 확신에 넘치는 전사는 이런 즐거운 마음으로부터 자신의 모든 행위에 미美를 함양한다. 전사의 행동은 언제나 아름답고 기품이 있다.

확신의 두 번째 단계는 확신에 찬 전사가 의혹이란 함정에 절대로 빠지지 않는다는 것이다. 본질적인 의혹이란 5장에서 논했듯이 자신에 대한 의혹으로 이는 몸과 마음이 조화를 이루지 않을 때 일어난다. 이런 의혹은 걱정, 질투, 오만, 또는 자신의 확신을 의심하기 때문에 극단적인 경우에는 남을 중상하는 것으로도 나타난다. 확신에 넘치는 전사는 온유함에서 비롯되는 확신에 기초를 두고 있다. 따라서 전사

는 의심하지 않으며, 이로 인해 전사는 저속한 세상에 빠져들지 않는
다. 저속한 세상이란 생존만을 위해 살아가는 것을 뜻한다. 저속한 세
상에는 여러 가지 양상이 존재한다. 그 중 하나는 자신의 생존이 마치
남을 죽이고 이들을 먹어치우는 것에 달려 있기라도 하듯이 순전히
동물적인 본능에만 의존해서 살아가는 것이다. 두 번째의 양상은 빈
곤 심리에 고통을 받고 있다는 것이다. 끊임없이 배고픔과 죽음에 대
한 두려움을 겪는다. 세 번째는 언제나 혼란을 겪고, 자기 자신에게 고
통을 주는 망상의 세상에 살게 된다는 것이다. 확신에 넘치는 전사는
의혹하지 않으며 끊임없이 수행하기 때문에 저속한 세상으로부터 자
유로울 수가 있다. 이런 자유를 통해 확신에 찬 전사는 원대한 세상의
모든 미덕을 갖추게 된다. 원대한 세상에 존재한다는 것은 걸림이 없
으며 명확하다는 것이다. 이런 전사는 언제나 깨어있으며 수용하거나

거부해야하는 것에 대해 혼동하는 법이 절대로 없다.

요약해서 말하자면, 전사의 이전 단계에서 비롯된 온유함과 부드러움으로 인해 우리는 확신을 향해 나아갈 수 있게 된다. 확신에 찬 전사는 의혹이란 함정에 빠지는 법이 없으며 언제나 기쁘고 기품이 있다. 저속한 세상에 사로잡히지 않기 때문에 혼돈과 어리석음은 존재하지 않는다. 이것이 유익한 삶을 성취할 수 있게 해준다. 따라서 확신의 결실, 즉 확신의 궁극적인 개념은 건실한 몸과 마음 그리고 이들 둘이 조화를 이루게 된다는 것이다. 확신에 찬 전사는 본질적으로 활기에 넘칠 뿐만 아니라 겸허하면서도 영감을 불러일으켜 준다.

용감한 전사

용기가 비이성적이라거나 거친 것을 뜻하는 것이 아니다. 여기서 용기란 전사로서의 힘을 소유하고 있음을 뜻한다. 용기는 두려움으로부터 완전히 벗어남을 뜻하는 대담함의 성취를 바탕으로 한다. 두려움을 극복하기 위해서는 희망 또한 벗어나야 한다. 살아가면서 뭔가를 기대하다가 이것이 이루어지지 않으면 우리는 실망하거나 속상해 한다. 이것이 이루어지면 우리는 흥분하고 기뻐한다. 이렇게 계속해서 우리는 롤러코스터를 타고 오르락내리락한다. 자신에 대한 의혹을 전혀 접하지 않기 때문에 용감한 전사는 아무 것도 두려워하거나 기대할 것이 없다. 그래서 용감한 전사는 희망이라고 하는 복병에 붙잡히는 법이 없으며, 따라서 용기를 성취할 수 있다.

용기는 전통적으로 새들의 왕이라고 불리는 전설적인 티베트의 새,

가루다garuda로 상징된다. 가루다는 완전히 자란 채로 알에서 깨어나며, 무한한 날개를 펼치면서 우주로 날아 올라간다. 마찬가지로, 희망과 두려움을 극복한 용감한 전사는 큰 자유를 얻게 된다. 따라서 용기 있는 마음은 무한하다. 마음이 우주 전체를 포함한다. 모든 장애를 초월한다. 자신을 완전하게 펼치면서 끊임없이 나아간다. 가루다 왕과 마찬가지로 용감한 전사의 광대한 마음에 방해가 되는 것은 아무 것도 없다.

아무런 장애도 존재하지 않기 때문에 용감한 전사는 공간을 측정할 필요가 없다. 얼마나 멀리 갈 것인지 또는 얼마나 자기 자신을 제어해야 하는 지에 대해 걱정하지 않는다. 자신의 진전을 측정하는 이런 평가기준을 완전히 버린다. 따라서 우리는 굉장한 기쁨을 체험하게 된다. 용기란 경계를 완전히 벗어난 이런 광대한 마음이다. 이는 스스로 존재하는 훌륭한 칼에 비유할 수 있을 것이다. 칼날을 갈려고 하는 욕구가 오히려 칼을 무디게 만든다. 광대한 마음의 체험에 대해 내가 얼마나 이해하고 있는 지, 그리고 내가 아직 알지 못하는 부분은 얼마만큼인지, 또는 남들은 이를 얼마나 이해하고 있는지를 측정하려고 경쟁적이거나 상대적인 논리를 적용시키려고 한다면, 자신의 칼을 무디게 만드는 것이다. 이는 무익하고 역효과를 초래한다. 이런 방법과는 대조적으로 용기는 평가기준 없이, 즉 '성취한 자'라는 의식이 따르지 않는 성취이다.

즉 전사는 희망과 두려움으로부터 자유롭기 때문에 가루다 왕처럼 우주 공간으로 솟아오를 수 있다. 이 공간 속에서는 아무런 두려움도 결점도 존재하지 않는다. 따라서 우리는 더 광대한 세상을 체험하고 더욱 광대한 마음의 경지에 이르게 된다. 물론 이런 성취는 온유함과 확신이라는 전사의 훈련을 바탕으로 하는 것이다. 이로 인해 우리는 용감해진다. 용감한 전사는 또 남들을 향한 큰 자비심을 지니고 있다. 우리들의 비전을 펼쳐나가는데 아무런 장애가 없기 때문에 사람들을 위해 일할 수 있는 무한한 가능성을 소지하고 있다. 사람들이 필요로 하는 것은 무엇이든지 다 도와 줄 수 있다.

불가사의한 전사

불가사의는 용으로 상징된다. 용은 에너지가 넘치고 강력하며 흔들리지 않는다. 그러나 용의 이런 속성들은 호랑이의 온유함과 사자의 확신 그리고 가루다의 용기 없이 단독으로 존재하는 것이 아니다.

불가사의는 두 가지로 나눌 수 있다. 첫 번째는 불가사의한 상태이고 두 번째는 불가사의의 발현이다. 불가사의한 상태는 용기를 바탕으로 한다. 이는 불가사의의 일반적인 개념인 우회적이라거나 이해할 수 없다는 뜻과는 다른 것이다. 불가사의한 전사가 두려움이 없는 것은 특히 전 단계의 용기를 체험함으로써 얻을 수 있는 것이다. 이런 용기로부터 우리는 부드러움과 연민을 키우게 되는데 이것이 우리로 하여금 중립적이기는 하지만 유머감각을 지닐 수 있게 해준다. 이 경우 우리는 구름과 바람을 사이에 두고 하늘에서 휴식을 즐기는 용과 같은 존재를 논하고 있는 것이다. 그러나 이 상태는 정적인 것이 아니다. 견고한 떡갈나무가 바람에 흔들리는 것과 마찬가지로 유머감각이 우리를 즐겁게 해준다. 이런 즐거움과 유머로 인해 우울이 존재할 여지가 없다. 따라서 불가사의한 상태는 즐겁고도 체계적인 상태이다.

전통에 의하면 용은 여름에는 하늘에서 살다가 겨울에는 땅 속에서 동면한다고 한다. 봄이 오면 용은 안개와 이슬과 함께 땅 속으로부터 일어난다. 폭풍이 필요할 때면 용은 번개를 내뿜고 천둥을 울린다. 이런 비유는 예측하기 어려운 상황에서 어느 정도는 예측이 가능함을 보여준다. 불가사의란 흔들림 없이 여유롭게 확신 속에 머무는 것이다. 우리의 마음은 열려 있고 두려워하지 않으며, 갈망과 의혹으로부터 벗어남과 동시에 세상일에 깊은 관심을 가지고 있다. 우리의 자각과 지성이 우리로 하여금 독립적이며, 남들의 반응을 통해 재 확신할 필요가 전혀 없는 자신감으로 확신을 가질 수 있게 해준다. 따라서 불가사의는 확인을 필요로 하지 않는 확신이다. 진실함을 인식하고 자기 자

신이나 남들을 기만하지 않는다. 이런 인식은 확신에서 비롯된다.

불가사의는 격차나 주저함이 없는 온전한 상태이다. 따라서 이는 자신의 삶을 이끌어 나가는, 진실한 삶을 살아간다는 인식이다. 절대적인 견고함이고 자신의 지성을 지속적으로 연마해 나가는 것이다. 질문과 대답이 즉흥적으로 일어나며 따라서 불가사의는 지속적이다. 또한 단호한 것으로 절대 굴복하지 않고 마음을 바꾸지도 않는다. 어떤일을 진행하는 도중에 위협을 받게 되면 불가사의한 마음은 호전성이 아닌 본질적인 확신으로 인해 정확하게 대응한다.

불가사의는 행위를 통해 나타난다. 중요한 것은 크게 집착하지 않으면서도 동시에 일을 끝까지 해낸다는 것이다. 우리는 증명하는데 관심을 두지 않기 때문에 집착하지 않는다. 사람들이 내 행위를 볼까봐 두려워해서가 아니라 관심의 대상이 되는 것에 관심을 두지 않는다는 뜻이다. 그러나 이와 동시에 우리는 남들에게 아주 성실하기 때문에 이들을 위해서 자신의 일을 끝까지 해낸다.

불가사의의 발현은 규칙적이고도 기품이 있다. 불가사의를 실천하는 방법은 진실을 낱낱이 설명하지 않는 것이다. 내가 성취한 것에 대한 조심스러운 즐거움을 통해 진실을 암시할 뿐이다. 진실을 낱낱이 설명하는 것이 어떻게 문제가 되는가? 진실을 하나하나 설명하게 되면 진리의 진수를 상실하고 '나의' 진리 또는 '상대방'의 진리가 되어 버린다. 진리 그 자체가 한계가 되는 것이다. 진리를 설명하는 것은 자신의 자본을 들여서 아무런 이익도 얻지 못하는 것과 마찬가지이다. 진리는 품위를 잃어버린 판촉용 경품이 되어 버린다. 진실을 암시할 때 진실은 누구에게도 속하지 않는다. 용은 폭풍을 원하면 천둥과 번개를 일으킨다. 이것이 비를 가져온다. 진리는 환경에 의해서 형성되는 것이다. 이렇게 해서 진리는 강력한 힘을 발휘한다. 이런 관점에서 진리의 자취를 공부하는 것이 진리 그 자체보다 더 중요하다. 진리는 논리를 필요로 하지 않는다.

불가사의의 비전은 부드러운 에너지로 가득 찬 질서정연하고도 강력한 세상을 창조하는 것이다. 그래서 불가사의한 전사는 서두르지 않는다. 처음부터 시작한다. 먼저 점화장치를 찾는다. 그리고는 이런 시작을 바탕으로 행동을 개시할 적절한 환경을 찾는다. 성급하게 결론을 내리지 않음으로써 우리는 긍정적인 환경과 부정적인 환경을 모두 발견한다. 그리고 나서 출발점을 찾아낸다. 내가 소유하고 있는 것에 집착하지 않고 좀 더 긍정적인 환경을 창출해냄으로써 우리는 다음 단계를 향해 즐겁게 나아간다. 이것이 원기를 북돋아준다. 우리가 하고 있는 일로 인해 질식당하지 않는다. 전사는 자기 행위에 예속되지 않는다.

따라서 불가사의는 용기, 온화함, 그리고 순수함을 지니고 있는 환경을 만들어내는 것이다. 이에 대한 아무런 이해나 관심이 이 세상에 존재하지 않는다면 불가사의를 성취하기가 어려울 것이다. 두려움과 겁은 절망을 가져온다. 즐거움이 없다면 불가사의도 존재하지 않는다.

진정한 존재를 통해 온유와 확신과 용기를 일깨우고 궁극적으로는 불가사의를 성취하게 된다. 초심자인 전사라도 세상을 유원지로 보지는 않겠지만 즐거움을 체험하고 삶을 품위 있게 이끌어 가는, 삶에 대한 올바른 자세를 시작으로 하는 훈련을 거쳐야 한다. 즐거움뿐만이 아니라 고통과 절망도 공부의 원천이 될 수 있다. 건전한 마음은 가치 있는 삶을 살 수 있도록 해주고 진실함은 확신을 가져다준다.

불가사의의 체험은 타산적인 것이 아니다. 새로운 기교를 배우는 것도 아니고 누군가를 모방하는 것도 아니다. 마음이 편안할 때 건전한 마음을 발견한다. 불가사의를 닦는 것은 존재하는 법을 배우는 것이다. 누구에게나 자신감을 지닐 수 있는 가능성이 존재한다. 여기서 우리가 말하는 자신감이란 깨어있는 자신감 — 어떤 것에 대한 자신감이 아니라 단지 자신감을 지니고 있는 상태를 가리킨다. 이런 자신감은 무조건적인 것이다. 불가사의는 분석적인 계획과는 거리가 먼 섬광이다. 어떤 상황에 처했을 때 도전과 관심이 동시에 일어난다. 열린 마음과 직접적인 행동으로 나아간다. 이것이 기쁨을 가져다주고 모든 일들은 자연스럽게 전개된다.

불가사의는 받기보다는 베푸는데서 비롯된다. 베풀면 우리는 자연히 도움을 발견하게 된다. 이렇게 해서 전사는 세상을 정복한다. 이런 관용의 개념은 장애로부터의 자유를 가져다준다. 그러면 편안해진다.

전사는 투쟁할 필요가 없다. 투쟁이라는 인식은 불가사의한 방식이 아니다. 초심자는 조급해 하거나 부족함을 느낄 수도 있다. 이 때 우리는 자신을 불가사의하게 다루어야 한다. 충동을 자제하는 것이 최선의 시작 방법이다. 전사가 지도력과 지구상의 질서에 대한 인식을 하게 되면 이런 이해가 일종의 돌파구를 찾아 준다. 폐쇄되고 가난에 찌든 세상은 산산조각이 나고 그러한 자유로움으로부터, 자신이 속해있는 자연의 위계질서를 이해하기 시작한다. 불가사의는 연장자 공경, 친척들에 대한 사랑 그리고 동료들에 대한 신뢰를 포함하는, 자연스러운 관습이 된다. 이 시점에서 배움은 더 이상 투쟁이 아니며 장애는 제거된다.

우리가 이야기하는 위계질서는 우주의 조직과 질서, 즉 전사가 이해해야 할 유산을 뜻하는 것이다. 그러나 이해하는 것만으로는 충분치가 않다. 여기에는 수양이 필요한데 이런 수양은 이 세상이 우리를 위해 창조된 것이며, 나를 키우기 위해 많은 이들이 힘을 기울였으며, 내가 부족할 때는 도움을 받았으며, 또 내가 자극이 필요할 때는 격려도 받았다는 사실을 깨닫는데서 오는 것이다. 그래서 진심으로 남을 위해서 일하는 훈련은 위계질서를 이해하는데서 비롯된다.

전사가 위대한 동쪽의 태양이란 비전을 따르기 때문에 불가사의는

눈부시고도 두려움이 없는 것이다. 참된 존재와 궁극적으로는 보편적
인 군주의 지위를 성취하기 위해서 기쁨과 노력을 들여서 자신을 향
상시킨다. 자신을 열고 대담하게 남들에게 베품으로써 우리는 강력한
전사의 세상을 창출하는데 힘을 보탤 수 있다.

21

⦿ 샴발라의 계보 ⦿

샴발라 가르침의 계보라고 하는 개념은 개개인의 원초적인 지혜와의
관계를 뜻한다. 이런 지혜는 쉽게 접할 수 있으며 지극히 단순한 것
이지만 또한 광대하고 심원한 것이기도 하다.

전사의 길을 가는 것은 무엇보다도 우리 개개인의 순수함과 본원적인
선에 대한 이해에 달려 있다. 그러나 이 여정을 계속하기 위해서, 네 가
지 미덕의 길을 추구하고 참된 존재를 실현하기 위해서는 이 길을 우
리에게 제시해주는 길잡이, 즉 스승이 필요하다. 결국, 이기심 또는 자
아를 벗어나는 것은 이 길을 먼저 간 사람으로서 우리로 하여금 그 길
을 갈 수 있도록 해주는 살아있는 인간적인 본보기가 있어야만 가능
한 것이다.

이번 장에서는 샴발라의 가르침에 있어 계보라고 하는 개념, 다시
말해 완전한 진리의 실현이 어떻게 샴발라 세상의 사람들에게 전해져
서 그가 이 진리를 구현하고 남들도 이를 성취할 수 있도록 밀어줄 수
있는지를 살펴보려고 한다. 따라서 이번 장에서는 스승의 속성을 살펴
보고 이 속성들이 어떻게 그에게로 전해졌는지 그리고 어떻게 그가 이

들을 물려주는지를 살펴보도록 할 것이다.

본래 샴발라의 가르침에 있어 계보라고 하는 개념은, 제2부에서 논의했듯이, 우주적 거울의 지혜가 어떻게 인간의 삶, 인간의 체험을 통해 전해지고 지속되는 지와 연관이 있다. 간단히 돌이켜보자면 우주적 거울의 특성은 무조건적이며 광대한 열린 공간이라는 것이다. 이는 의문의 여지가 없는 영원하고도 완전히 열려 있는 공간이다. 우주적 거울의 경계에서 우리 마음은 의심을 벗어나 이상을 완전하게 펼친다. 생각과 사고과정이 일어나기 이전에, 경계도 없는 — 중심도 가장자리도 없는 — 우주적 거울이라고 하는 자리가 있다. 우리가 논의했듯이, 이런 공간의 체험은 좌선坐禪을 통해 이룰 수 있다.

제12장 '마법의 발견'에서 살펴보았듯이 우주적 거울이란 영역의 체험은, 드랄라drala라고 불리는, 갈등을 초월한 광대하고도 심오한 인식을 지닌 지혜를 불러일으킨다. 드랄라의 체험에는 여러 가지 단계가 있다. 본원적, 궁극적인 차원의 드랄라는 우주적 거울의 지혜를 직접 체험하는 것이다. 이런 지혜를 체험하게 되면 우리는 지혜의 원천, 즉 샴발라 계보의 본원을 접하게 되는 것이다.

이 책의 첫 번째 장에서 과거의 샴발라 왕국과 샴발라 통치자들을 둘러싼 신화들을 살펴보았다. 거기서 논했듯이 이 왕국이 아직도 이 지구상 어디엔가 숨어 있을 것이라 생각하는 이들이 있는가 하면 왕국을 일종의 은유로 보거나 심지어는 어느 순간에 승천했다고 믿는 이들도 있다. 그러나 우리가 논의해 온 샴발라의 가르침에 따르면, 이런 가르침의 원천, 달리 말해 샴발라 왕국 그 자체는 하나의 신비로운 천계天界가 아니다. 이는 우주적 거울, 즉 우리가 긴장을 풀고 마음을 펼칠 수 있다면 누구에게나 가능한 원초적인 세상이다. 이런 관점에서, 리그덴 왕이라고 불리는 샴발라의 황제는 우주적 거울 속에 주재한다. 이들은 광대한 마음의 지혜, 드랄라의 궁극적인 지혜의 근본적인 발현이다. 따라서 이들은 궁극적인 드랄라라고 불린다.

궁극적인 드랄라는 세 가지 특성을 지니고 있다. 먼저 우리가 살펴보았듯이 궁극적인 드랄라는 원초적인 것으로 구석기 시대나 선사시대가 아니라 한 걸음 더 돌아가 생각이 일어나기 이전 또는 이를 초월하는 곳으로 돌아가는 것이다. 이것이 바로 우주적 거울을 자신의 왕국으로 삼는 리그덴 왕들의 속성이다. 두 번째 속성은 불변성이다. 리그덴 왕들의 세계에서는 재고再考라는 것은 존재하지 않는다. 재고란 흔들리는 마음을 가리키는데 자기 인식의 순수함을 자신하지 못하기 때문에 우리의 마음은 동요하고 망설이게 된다. 그곳에는 재고가 존재하지 않는다. 이는 변화하지 않는 세상, 전혀 변하지 않는 세상이다. 궁극적인 드랄라의 세 번째 특성은 용기이다. 용기란 어떠한 잠재적인 의심에도 굴복하지 아니함을 뜻하는 것인데 실재로 이 세계에서는 의심이 존재할 여지가 전혀 없다.

따라서 우주적 거울의 지혜를 접하게 되면 우리는 샴발라 왕국의 리그덴 왕, 즉 궁극적인 드랄라를 만나는 것이다. 이들의 광대한 비전은 모든 인간의 행위 속에, 열려있는 무조건적인 마음이란 공간 속에 잠재되어 있다. 이렇게 해서 이들은 인간사를 돌보고 보호한다. 그러나 이는 리그덴 왕들이 어떤 천계에 살고 있으며 그곳에서 땅을 내려다보고 있다는 개념과는 아주 다른 것이다.

일단 궁극적인 드랄라를 접하게 되면 원초적인 지혜와 리그덴 왕들의 비전은 인간의 인지가 가능한 수준으로 전해질 수 있다. '마법의 발견'에서 살펴보았듯이 단순한 하나의 인식을 통해 우리는 무한한 인식을 바로 포착할 수 있다. 광대함을 인식하게 되면 이것이 드랄라가 된다. 찬란하게 빛을 발하는 신비로운 것이 된다. 이런 체험을 하게 되면 우리는 내적인 드랄라라고 하는 것을 만나게 된다. 내적인 드랄라는 우주적 거울과 리그덴 왕들의 지혜를 지니고 있어 이 현상계에 광휘와 기품을 발현한다. 내적인 드랄라는 모계와 부계로 나누어져 있다. 모계는 부드러움을 부계는 용기를 나타낸다. 부드러움과 용기는 내적인 드랄라의 처음 두 가지 특성이다. 빛의 세상, 좋고 나쁨으로부터 자유로운 세상, 모든 현상 속에서 드랄라를 체험하는 세상에 실제로 주재할 수 있는 이는 이 세상으로부터 놀라운 부드러움과 용기를 자동적으로 체험하게 된다.

내적 드랄라의 세 번째 특성은 부드러움과 용기를 하나로 묶어주는 지성 또는 분별하는 인식이다. 분별하는 인식으로 보면 부드러움은 평범한 부드러움이 아니라 성스런 세상의 체험이다. 그리고 용기는 허세를 넘어서 개개인의 삶에 기품과 풍요로움을 제공한다. 이렇게 본원적인 예민한 인식이 광대하면서도 섬세한 지혜를 지닌 전사의 세계를 창출할 수 있도록 부드러움과 용기를 묶어준다.

마지막으로 궁극적이고도 내적인 드랄라의 지혜는 인간에게로 전해질 수 있다. 즉 우주적 거울의 무조건성의 원리를 완전히 이해하고 이런 원리를 현실 속에서 섬세한 인식으로 온전하게 불러일으킬 때 인간은 비로소 살아있는 드랄라, 살아있는 마법이 될 수 있다. 이것이 바로 — 드랄라를 불러일으키는 것은 물론 이를 구현함으로써 — 샴발라 전사의 계보에 합류하고 스승이 되는 방법이다. 따라서 스승은 외적 드랄라의 원리를 상징한다.

스승의 본질적인 특성은 그의 존재가 남들로 하여금 우주적 거울과 신비로운 인식의 체험을 불러일으킨다는 것이다. 다시 말해 그의 존재만으로도 이원성을 바로 초월할 수 있으며 따라서 그는 진정한 존재이다. 초보 전사가 이런 절대적인 진리를 체험하게 되면 이것이 이들의 이기심, 자아를 즉각 벗어날 수 있게끔 해주는 자극이 된다.

이것은 이해하기가 다소 어려운 개념이어서 좀 더 잘 이해할 수 있도록 스승의 특성에 대해 더 깊이 살펴보고자 한다. 먼저 스승의 탄생은 시작과 끝이 존재하지 않는, 광대함만이 존재하는 우주적 거울의 세상에서 비롯된다. 그의 존재는 단순히 훈련이나 철학의 산물만이 아니다. 오히려 그는 우주적 거울이라고 하는 무조건적인 진리 속에서 완벽하게 주재한다. 따라서 그는 자아로부터 자유로운, 무조건적인 깨달음을 체험하게 된다. 그는 이런 무조건적인 공간을 언제나 접할 수 있기 때문에 이기심이나 혼돈, 졸음에 사로잡히는 법이 결코 없다. 그는 언제나 깨어 있다. 따라서 스승의 에너지는 언제나 궁극적인 드랄라, 즉 리그덴 왕들의 광대한 비전과 연계되어 있다. 이래서 그는 혼돈으로부터 자유롭다.

두 번째로, 스승은 리그덴 왕들의 지혜의 계보와 일체이기 때문에,

그는 엄청난 부드러움과 대자비를 느끼게 되는데, 이는 중생이 지니고 있는 본질적인 선을 증거하는 것이다. 스승은 주변의 세상을 바라볼 때 모든 인간이 본원적인 선을 지니고 있으며 이들이 나름의 독특한 선의 원리를 실현할 수 있음을 이해한다. 또 이들은 보편적인 군주로 태어날 수 있는 가능성도 가지고 있다. 따라서 스승의 마음속에는 큰 관용과 대자비가 일어난다.

그는 위대한 동쪽의 태양을 마음속에 완전히 받아들여서 석양 세계의 어두움 속에서 고통 받고 있는 중생들에게 햇살을 비추면서 위대한 동쪽의 태양 광채를 드러낸다. 스승은 전사의 길을 완전히 이해하고 이 길을 닦아 전사가 되고자 하는 이들에게 ─ 인간으로 태어난 소중한 삶을 실현하고자 하는 모든 이들에게 ─ 제공해 준다.

마지막으로 스승은, 인간을 향한 지극한 자비심으로 인해, 천지를 하나로 묶을 수 있다. 다시 말해 인간의 이상과 인간이 서 있는 대지는 스승의 힘을 통해 하나로 결합될 수 있다. 천지는 함께 춤을 추기 시작하고 사람들은 누가 하늘의 가장 좋은 곳이나 지상의 가장 나쁜 곳을 차지하고 있는가를 두고 서로 다투지 않는다.

천지를 하나로 묶기 위해서 우리는 자신에 대한 자신감과 신뢰가 있어야 한다. 그리고 천지의 합일에는, 이를 넘어서 이기심도 초월해야 한다. 이기심이 없어야 한다. 천지의 합일은 우리가 이기주의적 태도를 초월할 때만 가능한 것이다. 이기적인 자는 아무도 천지를 합일할 수가 없는데 그 이유는 그가 하늘도 땅도 이해하지 못하기 때문이다. 그는 대신 끔찍한 플라스틱의 세상, 인위적인 세상에 갇혀 있다. 천지의 합일은 욕망을 초월하는 것 ― 자신의 이기적인 욕구를 벗어나야만 가능한 것이다. 이는 무욕, 욕망의 초월에서 비롯되는 것이다. 만약 스승이 자신의 진정한 존재에 도취해 있다면 이는 그야말로 불행한 일이다. 그래서 스승은 지극히 겸허해야 한다. 그의 겸허함은 남들과 함께 일하는데서 오는 것이다. 남들과 일할 때 우리는 인내심을 가지고 이들이 선과 전사에 대한 이해를 증진할 수 있도록 시간과 공간을 제공할 필요가 있음을 깨닫게 된다. 서둘러서 남들에게 본원적인 선을 강요하게 되면 더 큰 혼돈 외에는 아무 것도 이루지 못한다. 이것을 이해하기 때문에 우리는 남들과 함께 일할 때 지극히 겸허하고 참을성을 가지게 된다. 사물이 가장 적절한 때에 가장 적절한 모양을 갖추게끔 맡겨둔다. 그래서 인내심은 항상 남들에게 부드러움과 신뢰를 제공하는 것이다. 이들이 지니고 있는 본원적인 선과 현재성과 성스러움을 실현하고 세상의 전사가 될 수 있는 이들의 능력에 대한 신뢰를 잃지 않는다.

스승은 제자들을 인내심을 가지고 지도하며 부드러움을 ― 공격성을 벗어난 존재 ― 제공한다. 그리고 그는 ― 견고하고 흔들림이 없는 ― 진실함으로써 제자들을 이끌어 간다. 만약 진리가 바람에 펄럭이는 깃발과 같다면 우리는 어느 쪽을 바라보고 있는 지 알 수가 없을 것이다. 따라서 여기서 진실함은 산처럼 견고하고 절대로 동요하지 않는 것이다. 스승의 진실함에 의존할 수 있다. 이는 결코 흔들리는 법이 없다. 스승은 모든 점에서 진실하다.

스승의 몸과 마음에는 어떠한 두려움도 존재하지 않으므로 끊임없이 남들을 도울 수 있다. 스승의 마음은 게으름으로부터 완전히 자유롭다. 남들을 위해 두려움 없이 자신을 바치면서 스승은 제자들의 행동 — 저녁에 뭘 먹는 지로부터 이들의 마음 상태에 이르기까지, 이들이 행복한지 슬픈지, 또는 기쁘거나 우울해하는지에 각별한 관심을 보인다. 그래서 상호간에 유머와 감사하는 마음이 스승과 제자 간에 저절로 일어나게 된다.

그러나 가장 중요한 것은 스승의 모든 활동과 행위에는 항상 마법이 존재한다는 것이다. 무슨 일을 하든지 샴발라의 스승은 제자들의 마음을 리그덴 왕들의 이상주의적 사고, 즉 우주적 거울의 공간으로 이끌어 간다. 그는 끊임없이 제자들로 하여금 자신을 초월하고 스승이 주재하고 있는 무한하고도 찬란한 현실 세계로 들어 올 것을 권고한다. 그가 제공하는 도전은 제자들에게 장애가 된다거나 이들을 부추기는 것이 아니다. 오히려 스승의 진정한 존재가 제자들로 하여금 진실하고 참된 존재가 될 수 있도록 지속적인 도전을 제공한다.

샴발라 가르침의 계보라고 하는 개념은 개개인의 원초적인 지혜와의 관계를 뜻한다. 이런 지혜는 쉽게 접할 수 있으며 지극히 단순한 것이지만 또한 광대하고 심원한 것이기도 하다. 독재와 부패로 가는 길은 희망과 두려움이 존재하지 않는 순수한 세상과는 동떨어진 개념에 집착하는 데서 생긴다. 우주적 거울의 세상에서는 개념이나 의혹에 대한 집착은 존재하지 않으며 인간의 참된 진리, 즉 타고난 본원적인 선을 선언한 이들은 항상 어떤 형태로든 이 세상에 다가갈 수 있었다.

수세기 동안 본원적인 선을 추구하고 이를 동료 인간들과 함께 나누고자 애써온 많은 사람들이 있었다. 이를 실현하기 위해서는 엄격한 수양과 단호한 확신이 필요하다. 두려움 없이 이를 추구하고 선언한 이들은 종교와 철학과 신념을 떠나서 스승의 계보에 속한다. 이런 인류의 지도자들과 인간 지혜의 수호자들의 특성은 이들이 모든 중생들을 위해 부드러움과 진실함을 두려움 없이 표현한다는 것이다. 우리는 이들의 본보기를 존중하고 이들이 우리를 위해 닦아 놓은 길에 감시해야 한다. 이들은 샴발라의 부모로서 이 타락한 시대에 깨달음의 사회에 대한 성찰을 가능케 해 준다

● 후기

1975년 초감 트룽파 린포체는 나를 포함하는 소그룹의 학생들에게 샴발라의 가르침이라고 부르는 세속적인 수행을 소개했다. 지금은 샴발라 교육이라고 부르는 이 수행은 출생이나 신분, 종교에 상관없이 모든 사람들에게 적절한 수행이다. 불도를 헌신적으로 닦고 있던 우리는 이에 관해 처음으로 들었을 때 엇갈린 반응을 보였다. 트룽파 린포체가 사전 경고도 없이 새로운 주제와 프로젝트들을 우리들에게 자주 제시하기는 했지만 전사와 깨달음의 사회에 대한 이런 비전은 너무 광대하고 심원해서 흥분이 되긴 했지만 두렵기도 했다.

트룽파 린포체가 처음으로 서구, 특히 북미에 불법을 소개했을 때, 이는 마치 어두운 하늘을 밝혀 준 번개와도 같았다. 불교가 상당 기간 동안 서구에서 가르침을 펴오기는 했지만 영어와 영어권 문화에 정통한 트룽파 린포체로 인해 비로소 서구 문화의 일부가 되었다고 할 수 있다. 이는 이전 불교가 정법이 아니라거나 서구불교의 확립을 위해 공헌한 사람들을 무시하는 것은 아니다. 많은 스승들이, 특히 순류 스즈끼 로시와 같은 분들이 서구의 제자들에게 불교의 가르침을 전파하는데 평생을 보냈다. 이렇게 기반이 준비되어 있었기 때문에 트룽파 린포체와 그 제자들과 서구 세계와의 만남은 즉흥적이었고 유익한 것이었다. 샴발라의 가르침을 제시한 것도 이처럼 예상치 못했던 놀라운 것이었다.

린포체는 불교를 서구의 제자들에게 소개했을 때처럼, 샴발라의 지혜를 제시할 때도 주저하거나 두려워하지 않았다. 그는 사물의 본질을 설명할 때 동양과 서양을 전혀 구별하지 않았다. 그에게서 스승의 새로운 면모를 발견할 수 있었는데 이는 전혀 예상하지 못했던 것이었다. 마치 잃어버렸던 보석의 일부를 발견한 것처럼 말이다. 린포체는 마치 위풍당당한 백마를 타고 있기라도 하듯이 도제 드라둘, 즉 '불멸의 전사'로 나타났다. 그의 뛰어난 재능은 꾸밈도 없고, 완벽했으며 기품이 있었다. 일상적인 것들에 감사하는 법을 가르쳐 주었고 캐주얼한 현대사회에서는 받아들이기가 쉽지 않은 격식을 도입했다. 격식을 차리지 않는 것이 긴장을 푸는 것이라 생각하고 있던 우리는 이를 거부했다. 하지만 그의 세상에 대처하는 방식이 우리들의 사기를 북돋아 주었고 즐겁고 기쁜 것이어서 그의 가르침을 따라야 한다는 것을 곧 깨닫게 되었다. 딱딱하거나 경직됨이 없이 격식을 갖추어서 우리는 기품이 있는 진실한 사람이 될 수 있었다.

도제 드라둘은 세상과 남들을 존중하는 법을 직접 보여 주었다. 그는 모자를 쓰거나 코트를 입는 단순한 행위 또는 펜이나 라이터를 다루는 방식을 통해 이를 보여주고 있다. 평범하기 그지없는 일상적인 물건들의 중요성에 대한 인식, 자신의 신체와 주변 환경에 대처하는 방식 — 이 모든 것들이 다 의미를 지니고 있으며 따라서 이들은 원래가 선한 것이다. 이렇게 그는 자연스러운 위계질서를 가르쳤다. 이 세상의 진정한 전사는 사물을 배치하고 사용하고 유지하는 방식을 본원적인 선에 대한 표현으로 본다는 것을 지적했다.

린포체는 샴발라의 지혜를 체계적으로 제시해서 이런 체험을 사람들이 공유할 수 있는 방법을 찾는데 도움을 달라고 내게 요청해 왔다. 린포체와 나는 일단의 제자들과 함께 샴발라 교육 프로그램을 계발하는 일을 시작했다. 린포체의 가르침, 특히 그가 이런 가르침을 제시하는데 내게 큰 책임을 부여했다는 사실이 어떤 의미를 지니고 있는지를 나는 생각하게 되었는데, 나는 내가 원숙하고 진지해야 하고 확신을 가져야함을 깨닫게 되었다. 얼마간의 두려움도 있었고 본질적인 선과 같은 단순한 가르침을 또 다른 셀프 핼프self help 철학으로 희석하지 않고서 받아들일 수 있는가에 대한 의구심도 있었다. 샴발라의 가르침을 제시하고 범상한 지혜를 반복해서 제시하면서 동시에 이를 새롭고 충실하게 제시한다는 것은 아주 힘든 일이었다. 도제 드라둘이 전사의 본질을 실제로 보여주었기 때문에 나는 이 일을 지속할 수 있었다. 그는 자신의 가르침을 그대로 실천했다.

그가 제시하고 있는 성스런 세상이란 비전은 특이하고 완전하고도 간단한 것이었다. 그렇지만 이것이 현대의 자아분석에 대한 논문에서 볼 수 있듯이 모든 문제를 해결할 수 있는 시장성이 높은 그런 예정된 계획은 아니었다. 샴발라 교육 프로그램을 개발하는 것이 결코 쉬운 일은 아니었지만 이는 자연스럽게 유기적으로 형태를 잡아갔다. 이런 과정을 통해서 우리는 상호간에 감사하는 마음이 더 커지고 깊어졌다. 트룽파 린포체가 우리들에게 힘든 과제를 제시하곤 했지만 그는 언제나 참된 전사가 지니고 있는 온유함을 보여주었다. 우리가 나름대로 전사에 대해 이해할 수 있게 될 것을 확신하고 그는 전적인 인내심과 여유를 보여주었다. 무엇보다도 그가 우리 스스로 체험하고 이 체험을 테스트할 수 있도록 해준 것을 기억한다. 우리들 모두 의구심을 가지고 있다는 것을 그는 알고 있었고, 우리가 제기한 모든 질문을 받아주었다. 견고한 확신을 가지고 있어서 그는 위압적이지 않으면서도 아주 단호했다.

이제 나는 샴발라 전통의 특성과 샴발라 지혜의 범상함에 대해 제대로 알고 이해하게 되었다. 이런 가르침을 접하게 되거나 이 책을 읽으면서 새롭고도 동시에 아주 친숙한 용어를 이해하게 되면 이 지혜는 분명해진다. 트룽파 린포체가 제시한 샴발라의 지혜는 처음으로 이 세상에 제시한 것임에도 불구하고 너무나 익숙한 것이어서 나이를 막론하고 누구나 지혜라고 인정할 수 있는 것들이다. 샴발라의 가르침은 모든 문화 속에 내재해 있는 인간의 선함을 표현하는 최상의 방법이다. 동시에 이런 가르침은 일상적인 생활에 쉽게 접목될 수 있다. 이것이 이 가르침의 특성이다. 이들은 지혜와 삶의 존엄성을 단순하고도 자연스럽게 표현하는 것이다.

트룽파 린포체는 이런 가르침을 우리들에게 남겨 주었다. 세상을 향한 그의 관대함과 사랑은 대단했다. 그는 서구에서 티베트불교 전통의 선봉일 뿐만 아니라 잊혀진 전사의 전통을 재도입했다. 그는 일생 47년 중 17년을 북미에서 살면서 많은 것을 성취했으며 수많은 사람들에게 직접적인 영향을 끼쳤다. 십년동안 그는 샴발라의 가르침을 펴왔다. 시간이나 역사라는 측면에서 보면 이는 대단한 것이 아닌 것처럼 보이지만 이 짧은 기간 동안 세상을 변화시킬 수 있는 선이라고 하는 막강한 힘을 일으켰다.

그가 우리들의 삶에 어떤 영향을 끼쳤는지는 시간이 지나면 더 분명해질 것이다. 린포체가 돌아가신지 얼마 되지 않은 지금 이 글을 쓰면서, 우리와 함께 한 그의 짧은 삶을 절실하게 느낀다. 린포체가 깨달은 전사의 수행이자 길이라고 제시한, 현실을 정면으로 대하는 방법을 보여주었기 때문에 이 전통을 이어가는 우리들은 이 일을 게을리 할 수가 없다. 린포체가 이 가르침이 지속될 수 있도록 시간을 들여 수많은 사람들에게 가르침을 준 것은 정말 다행한 일이다. 하지만 이의 지속을 당연한 것으로 받아들여서는 안 되는데 그 이유는 린포체가 지적했듯이 매 순간을 도전 속에서 살아가는 것이므로 매 번 우리는 삶에 대한 서약을 새로이 해야 하기 때문이다.

이런 회상들을 통해 인류의 의식에 심원한 진리를 제시했던 그 당시에 함께 할 수 있었던 감동을 독자들도 느껴볼 수 있기를 바란다. 샴발라 교육의 공동 창립자인 나와 이 과정에 처음부터 긴밀하게 관여했던 사람들을 대변해 우리는 도제 드라둘의 가르침을 가능한 한 세상의 모든 사람들이 접할 수 있도록 하고, 린포체가 우리들에게 보여준 깨달음의 사회를 세우는데 전력을 다할 것이다. 내가 개인적으로 지고 있는 빚이 있다면 이는 린포체의 비전과 가르침과 그의 접근방식을 지속하는 것은 물론 이것이 인류문화의 일부가 되도록 하는 것이다. 이는 단순히 위대한 한 인간의 기억을 유지하려는 것이 아니다. 그는 아주 겸손했고 이런 것에는 전혀 개의치 않았다. 오히려 모든 사람들의 이익을 위해서 끊임없이 일했다. 긴장하거나 단조롭거나 열정이나 흥분으로 가득 차 있는 상황에서도 그는 언제나 온화함과 유머와 용기로써 세상을 대하는 좋은 본보기가 되어주었다.

이것이 바로 그가 우리에게 남겨준 유산이다. 우리는 언제나 모든 것을 백 퍼센트 바치는 그런 정열과 활동 — 샴발라 전사로서의 삶을 위해 헌신한다. 이런 위대한 가르침이 세상에 퍼지기를 바라고 희망한다. 지금은 자비라고 하는 가장 기본적인 인간의 가치마저도 냉혹함에 빠져 상실되었다. 어느 때보다도 더 인간 본연의 존엄성을 깨우쳐 주는 데 이런 가르침이 필요하다. 선한 위대한 동쪽의 태양이 영원히 빛을 발하고 본질적인 선에 대한 확신이 이 세상 전사들의 마음과 가슴을 일깨워주기를 기원한다.

바즈라 섭정 오셀 텐진
카메-초링, 바넷, 버몬트
1987년 11월 27일

◉ 지은이 초감 트룽파 린포체

초감 트룽파 린포체Chögyam Trungpa Rinpoche, 1939~1987는 20세기에 가장 왕성한 활동을 펼쳤던 불교계 스승 중의 한 분이다. 린포체는 티베트 불교의 가르침을 서구에 도입하는데 선구자 역할을 했으며 많은 불교 개념을 영어와 심리학에 도입한 장본인으로 알려져 있다. 세계적으로 권위 있는 옥스퍼드 영어사전은 에고ego라는 단어의 정의 중 하나로 린포체의 정의를 인용하고 있다.

초감 트룽파 린포체는 북미 최초의 불교 대학인 나로파 대학Naropa University을 설립했으며 전 세계에 걸쳐 100여 개가 넘는 불교 수행센터를 창립했다. 불교, 명상수행, 시, 예술, 샴발라 전사의 길 등에 관한 대중적인 저서를 다수 출간했다. 많은 티베트의 큰 스승들을 처음으로 북미에 소개했으며 새로운 세기를 맞아 수많은 제자들이 린포체의 가르침을 꾸준히 펴고 있다.

초감 트룽파 린포체는 티베트 불교의 4대 종파 중의 하나로 수행을 중시하는 카규파의 대표적인 스승의 한 분인 트룽파 툴쿠의 11대 화

신이다. 초감 트룽파는 카규파의 주된 스승일 뿐만 아니라 티베트의 4
대 종파 중 가장 오래된 닝마파 수행도 거쳤다. 린포체는 또 교파간의
경쟁을 벗어나 모든 종파의 소중한 가르침들을 종합하려 했던 티베트
불교계내의 리메ri-me 통합운동을 지지했다. 일생동안 린포체는 불교
의 가르침을 많은 사람들에게 전하기 위해 헌신했다.

티베트 동부에 소재한 수르망Surmang 사원의 주지로 있던 초감 트
룽파 린포체는 20세였던 1959년 티베트을 떠나 인도로 망명했다. 중
국군들을 간신히 피해 초감 트룽파 린포체와 일단의 승려들은 말과
도보로 목숨을 건 여행 끝에 험난한 히말라야를 넘어 인도에 도착했
다. 1959년에서 1963년까지 린포체는 달라이 라마 성하의 임용을 받
고 인도의 달하시Dalhousie에 있는 기숙학교에서 젊은 승려들의 종교
고문을 맡았다.

1963년 초감 트룽파는 영국으로 건너가 옥스퍼드 대학에서 비교
종교학, 철학 등을 공부했다. 이 때 린포체는 소게추 학교에서 일본식
꽃꽂이를 공부하여 강사 자격도 획득했다. 1967년 스코트랜드로 옮
겨가 서구 최초의 티베트불교 수행센터인 삼예 링Samye Ling 선원을 창
립했다. 이에 뒤이은 자동차 사고로 좌반신이 부분 마비된 것을 포함
한 일련의 사건들로 인해 초감 트룽파는 승복을 벗고 재가 법사의 길
을 가게 되었다. 1969년 수행에 관한 14권의 저서 중의 첫 번째 저서인
『행동하는 명상Meditation in Action』을 펴냈다. 다음 해 다이애나 파이버
스Diana Pybus와 결혼한 린포체는 미국으로 건너와 버몬트 주의 바네
트에 북미 최초의 선원인 카메 초링Karmé Chöling 선원을 창립하면서 또

다른 삶의 전기를 맞이하게 되었다.

1970년대 후반 린포체는 불교공부에는 크게 관심이 없는 이들에게 명상수행을 소개하고자 하는 숙원을 밝히고 전설적인 깨달음의 사회인 샴발라 왕국을 근거로 샴발라 수행 프로그램을 개발하게 되었다. 1980년대에 린포체는 순회설법, 바즈라다투 강원Vajradhatu Semianry, 서적 출판 등과 함께 캐나다의 케이프 브레톤Cape Breton과 노바 스코시아Nova Scotia에 불교 사원을 설립하였으며 불교경전은 물론 이에 국한되지 않는 가르침을 펴는데 점차 주력하기 시작했다. 이런 린포체의 활동은 수많은 사람들의 마음을 사로잡은 샴발라 수행 외에도 일본식 양궁, 서예, 꽃꽂이, 다도, 건강법, 무용, 연극, 심리요법 등을 포함하고 있다. 이런 다양한 활동들을 통해 린포체는, 그의 말을 빌리자면, '일상생활에 예술'을 접목시키고자 했다. 1974년 이런 활동들을 관장하는 나란다Nalanda 재단을 창립했다.

린포체가 창립한 바즈라다투는 전 세계 100여 개가 넘는 도시 중심의 선 센터로 성장해 집중적인 명상과 교육 프로그램을 제공하고 있다. 규모가 크고 격식을 크게 따지지 않는 네트워크를 구성하고 있는 이런 센터들을 통해 수행자들은 명상수행을 일상생활에 접목시킬 수 있다. 각자의 관심사와 성향에 따라 전통적인 명상수행에서부터 꽃꽂이에 이르는 샴발라 조직의 다양한 활동에 참여한다.

1986년 노바 스코샤주의 핼리팩스로 옮겨간 린포체는 그 이듬해 4월 4일 열반에 들었다.

● 옮긴이 임진숙 Jinsuk Jenny Tedesco

1961년 경북 안동 출생. 어려서부터 부친의 영향으로 자연식 및 자연
치유법, 요가, 명상 등을 실천하면서 성장했다. 고등학교 졸업 후 농수
산부 통계청에서 국가 공무원으로 근무하다 대학에 진학해 계명대학
교와 미국의 위트워쓰 대학Whitworth College에서 영문학을 전공했다.

1988년 서울 국제 올림픽 기간 동안 국제 방송센터에서 국제협력
요원으로 일했고 그 후 유네스코 한국위원회와 국제협력단에서 청년
해외봉사단의 국제협력요원으로 근무했다. 1991년 불교학자인 프랭크
테데스코 박사와 결혼해 2001년에 미국으로 이주하기 전에 프리랜서
로 독일 주간지인 더 슈피겔Der Spiegel 극동 특파원의 한국 현지 코디
네이터로 일했다.

불교수행과 사회참여운동의 지도자인 틋낫한, 술락 시바락샤, 아리
야나트네, 미국 시인인 게리 스나이더, 노벨 평화상 수상을 받은 국제
지뢰금지운동의 조디 윌리암스, 그리고 국제법률가협회의 티모시 하딩
박사의 위안부 문제연구소 방한 시 통역을 담당했다. 역서로는 『청바

지를 입은 부처』, 『붓다 그 첫만남』, 『수미, 일미를 만나다』 등이 있다.

현재 미국 플로리다주에 소재한 웰스 파고 은행에서 일하면서 한국어 번역가·통역가로 활동하고 있다. 재가법사이자 동물 애호가인 남편 테데스코 박사와 함께 네 마리의 구조견 치와와타코, 개비, 벨라, 스텔라와 고양이텐진와 함께 살고 있다.

위대한 동방의 황금빛 태양에 대한 확신이
리그덴의 지혜의 연꽃 정원에 꽃을 활짝 피우고
중생들의 어두운 무지를 제거하고
이들이 심오하고 밝은 영광을 누리게 하소서

● 참고 자료

북미의 샴발라 교육 프로그램 연락처:
Shambala International
1084 tower Road Halifax, NS
Canad a BH 2Y5
www.shambhala.org

지방센터의 정진수행에 관한 문의:
Dorje Denma Ling
2280 Balmoral Road Tatamagouche,
NS Canada B0k 1VO
www.dorjedenmaling.com

Sky Lake Lodge
22 Hillcrest Lane Rosendale, NY
12472
www.skylake.shambhala.org

쵸감 트룽파 린포체의 강연 및 세미나
오디오/비디오 녹화 구입처:
Kalapa Recordings
3008 Oxford Street Suite 201
Halifax, NDS Canada B3L 2W5
www.shambhalashop.com

『샴발라 선』은 쵸감 트룽파 린포체가
창간한 격월로 발행되는 불교잡지.
잡지 구독 및 구입처:
Shambhala Sun
P O Box 3377
Champlain, NY 12919-9871
www.shambhalasun.com

나로파 대학은 북미에서 유일하게 인
가를 받은 불교계 대학.
Naropa University
2130 Arapahoe Avenue
Boulder, CO 80302
www.naropa.edu

Ocean of Dharma Quotes of the
Week
www.OceanofDharma.com